So geht's zu A2 – B1

Fertigkeitentrainer für das Goethe-/ÖSD-Zertifikat B1
Unterrichtshandreichung zum Übungsbuch

Anni Fischer-Mitziviris

Sylvia Janke-Papanikolaou

Ernst Klett Sprachen
Stuttgart

So geht's neu A2-B1

Unterrichtshandreichung zum Übungsbuch

Weitere Komponente:
Übungsbuch   978-3-12-675856-7

1. Auflage   7 | 2026

Alle Drucke dieser Auflage sind unverändert und können im Unterricht nebeneinander verwendet werden. Die letzten Zahlen bezeichnen jeweils die Auflage und das Jahr des Druckes.

Autorinnen: Anni Fischer-Mitziviris, Sylvia Janke-Papanikolaou
Redaktion: Uta Loumiotis
Layout und Satz: Cellworks nmc, Athen
Coverbilder: **1** iStockphoto (Steve Debenport), Calgary, Alberta; **2** Thinkstock (Wavebreakmedia Ltd), München; **3** Thinkstock (shironosov), München
Druck: Digitaldruck Tebben GmbH, Biessenhofen

Printed in Germany
ISBN 978-3-12-675857-4

Inhalt

Hinweise zur Durchführung

Einstiegsbilder / Einstiegsseite

Zu den Einstiegsseiten ist nur Wortschatz angegeben, der direkt etwas mit den Fotos zu tun hat. Der Kursleiter sollte je nach Bedarf den Wortschatz zu den Fotos ergänzen.

Lesen

Die Kursteilnehmer sollten zuerst die Aufgaben lesen und dann in den Texten die entsprechenden Stellen unterstreichen. Bei Lesen Teil 5 sollten die Kursteilnehmer darauf hingewiesen werden, dass die Reihenfolge der Aufgaben nicht dem Textverlauf entspricht.

Hören

Die einzelnen Teile des Hörverstehens können zu Übungszwecken so oft vorgespielt werden, wie es der Kursleiter für notwendig hält.

Hierbei kann der Kursleiter selbst entscheiden, ob er die Einführungstexte (Audio 2 bis 5) den jeweiligen Teilen voranstellen möchte, oder ob er direkt zum Hörtext übergehen möchte, wobei sich Letzteres bei wiederholtem Hören anbietet. Zur Erleichterung ist zu Beginn in den Einheiten 1 bis 2 nicht nur die Nummer der Audiodatei angegeben, sondern zusätzlich die Nummer des Einführungstextes (Ansage):

2 ➔ Ansage zu Hören Teil 1
3 ➔ Ansage zu Hören Teil 2
4 ➔ Ansage zu Hören Teil 3
5 ➔ Ansage zu Hören Teil 4

Transkriptionen

Die Sätze, auf die sich die richtigen Lösungen beziehen, sind markiert. Die Nummer der richtigen Lösung steht jeweils in Klammern dahinter.

Wortschatz

Hier werden Redemittel und Wortschatz geübt, die für den produktiven Teil (Schreiben und Sprechen) wichtig sind bzw. zum Wortschatz des Zertifikats B1 gehören.

Schreiben

Anfangs wird das Schreiben stark gelenkt. In der 2. und 3. Stufe wird die Lenkung stark reduziert bzw. ganz zurückgenommen. Zusätzlich finden Sie im Lösungsteil auf den Seiten 22-25 Korrekturbeispiele zu den Teilen 1 und 3.

Sprechen

Ziel ist ein weitgehend freies Gespräch zwischen den Gesprächspartnern. Anfangs ist das Gespräch noch stärker gelenkt.

Antwortbögen

Damit die Kursteilnehmer die Aufgaben mehrmals lösen können und sich rechtzeitig an die Prüfungssituation gewöhnen, empfiehlt es sich, die Antwortbögen (Seiten 26-30) zu benutzen.

Glossar

Das Glossar befindet sich im Anhang des Übungsbuches. Dieses enthält die Wörter in der Reihenfolge ihres Auftretens im Buch, wobei relevanter Wortschatz des „Goethe-Zertifikat B1" fett gedruckt erscheint.

 **1** Freizeit und Hobbys

Einstiegsseite
Computerspiele spielen / machen; fotografieren; … sammeln; Sport treiben / machen

Lesen Teil 1	Beispiel (Z. 7),1R (Z. 3-6) ,2R (Z. 10-12), 3F, 4F, 5R (Z. 27-29), 6F
Lesen Teil 2	Beispiel (Z. 1/2), 7c, 8b (Z. 11/12), 9a (Z. 17-19)
Lesen Teil 2	10b (Z. 1-4), 11c (Z.4-9), 12b (Z. 15-19)
Lesen Teil 3	13f, 14e, 15h, 16-, 17c, 18a, 19g

Hören Teil 1	1R, 2b, 3F, 4a, 5F, 6c, 7R, 8a, 9R, 10c
Hören Teil 4	Moderator: 24, 26; Breuer: 25, 27, 29; Rapp: 23, 28, 30

Schreiben, Teil 1	1 gesehen; 2 bekommen; 3 geschafft; 4 gemacht; 5 gefallen; 6 gespielt

Sprechen, Teil 1	–Ich habe gelesen, dass es im Schwarzwald viel zu sehen gibt. Ich schlage vor, dass wir nach Freiburg fahren.
	–Ich bin einverstanden, Freiburg ist eine sehr schöne Stadt. Auch in der Umgebung kann man viel unternehmen. Wann fahren wir?
	–Wenn wir nach Ostern fahren, ist das Wetter wahrscheinlich schon besser als jetzt und es ist nicht mehr so kalt. Also, ich schlage im Mai vor. Was hältst du davon?
	–Ja, dann brauchen wir keine Winterkleidung mehr. Wir fahren also von Freitag bis Sonntagabend. Am besten fahren wir mit dem Zug. Oder gibt es auch einen Bus?
	–Ich weiß nicht, aber ich kann ja mal im Internet nachsehen.
	–Okay, dann übernimmst du das Internet. Und wo sollen wir übernachten?
	–In der Jugendherberge ist es wahrscheinlich am billigsten, was meinst du?
	–Das ist eine gute Idee. Dann kannst du im Internet auch gleich die Adresse der Jugendherberge heraussuchen.
	–Gut, das kann ich machen. Ich möchte gern eine Schifffahrt auf dem Rhein machen. Wie findest du das?
	–Super! Das finde ich auch toll. Es gibt auch Mountainbike-Touren …
	–Nein, das finde ich nicht so gut, das können wir auch hier machen. Aber ich habe gehört, dass es dort ein paar interessante Museen gibt …
	–Gut, in <u>ein</u> Museum können wir ja gehen, aber … das reicht …
	–Da hast du recht. Glaubst du, dass deine Eltern mit der Reise einverstanden sind oder soll meine Mutter mal mit deiner Mutter reden?
	–Ich glaube, dass sie nichts dagegen haben. Normalerweise erlauben sie mir alles, was ich mit Mitschülern unternehme. Vielleicht sollten wir auch ein paar Spiele mitnehmen, falls es doch nicht so viel Besonderes gibt …
	–Ja, das ist eine gute Idee. Ich habe eine Menge Kartenspiele, die kann ich mitbringen. Und meine Gitarre auch, was hältst du davon?
	–Super! Und vergiss nicht dein iPhone! Dann können wir Musik hören und Fotos machen.
	–Ja, klar! Ich glaube, dann haben wir über alle Punkte gesprochen!

Lernen und Ausbildung

Einstiegsseite

eine Lehre / eine Ausbildung machen als … ; der / die Auszubildende; der Ausbilder / die Ausbilderin; der Lehrer / die Lehrerin; der Schüler / die Schülerin; der Unterricht; unterrichten

Lesen Teil 1	Beispiel (Z. 4), 1F, 2R (Z. 9), 3F, 4R (Z. 19/20), 5R (Z. 24/25), 6F
Lesen Teil 2	Beispiel (1-6), 7c (Z. 8/9), 8b (Z. 13-20), 9a (Z. 21-26)
Lesen Teil 2	10c , 11b (Z. 1-3), 12a (Z. 17-25)
Lesen Teil 3	13g, 14d, 15h, 16j, 17-, 18c, 19a

Hören Teil 1	1R, 2c, 3F, 4a, 5R, 6a, 7F, 8c, 9R, 10b
Hören Teil 4	Moderator: 29, 30; Leonie: 24, 25, 27; Weber: 23, 26, 28

Wortschatz und Redemittel Übung 3	A: Gymnasium, Klasse, Unterricht, stehen, Fächer, mag, Englisch, Noten, Schulstress, passt, Pause, Schulhof

Schreiben, Teil 1	1 besucht; 2 gemacht; 3 genommen; 4 geholfen; 5 gebracht; 6 gefreut; 7 getrunken; 8 gegessen

Sprechen, Teil 2	**FOLIE 1:** Ich möchte über das Thema „Fremdsprachen lernen in der Grundschule" sprechen. Dabei möchte ich zuerst über meine persönlichen Erfahrungen berichten. Dann werde ich über die Situation in meinem Heimatland und über die Vorteile und Nachteile sprechen. Am Ende werde ich auch meine eigene Meinung dazu sagen. **FOLIE 2:** Ich persönlich habe in der Grundschule noch keine Fremdsprache gelernt. Erst in der ersten Klasse des Gymnasiums habe ich mit Englisch angefangen. Außerdem lerne ich seit der dritten Klasse des Gymnasiums Deutsch. **FOLIE 3:** In meinem Heimatland lernt man seit einigen Jahren auch in der Grundschule Fremdsprachen. Meistens ist die erste Fremdsprache Englisch. Aber in manchen Schulen kann man in der Grundschule auch Deutsch oder Französisch lernen. **FOLIE 4:** Wenn man eine Fremdsprache schon als Kind lernt, hat man eine gute Aussprache, und das ist natürlich ein Vorteil. Außerdem hat man mehr Zeit für die Sprache, weil man noch nicht so viele Hausaufgaben für andere Fächer machen muss. Ein Nachteil ist vielleicht, dass man seine Muttersprache noch nicht so gut kann und dann alles durcheinanderbringt. Aber ich finde die Vorteile wichtiger und deshalb bin ich dafür, dass man schon in der Grundschule eine Fremdsprache lernt. **FOLIE 5:** Jetzt bin ich mit meinem Vortrag fertig. Ich danke euch, dass ihr mir so aufmerksam zugehört habt.

③ Tägliches Leben

Einstiegsseite

der Wecker; wecken; aufstehen; einkaufen (gehen); im Supermarkt / … / einkaufen; Hausarbeiten machen; im Haushalt arbeiten; die Hausfrau / der Hausmann, bügeln

Lesen Teil 2	Beispiel (Z. 6-7), 7c, 8b (Z. 7-10, 14-16), 9a (Z.29-32)
Lesen Teil 2	10c (Einleitung), 11a (Z. 7-9), 12b (Z. 18/19)
Lesen Teil 4	20 Nein, 21 Ja, 22 Nein, 23 Ja, 24 Ja, 25 Nein, 26 Ja

Hören Teil 1	1R, 2a, 3F, 4c, 5F, 6a, 7R, 8b, 9R, 10b
Hören Teil 3	16F, 17R, 18F, 19R, 20R, 21F, 22R

Wortschatz und Redemittel Übung 1	das Geschirr abwaschen, den Hund füttern, im Haushalt mithelfen, Lebensmittel kaufen, auf jüngere Geschwister aufpassen, das Essen kochen, im Supermarkt einkaufen
Wortschatz und Redemittel Übung 2	A: Hausaufgaben machen, Geld verdienen, Taschengeld bekommen, eine Aufgabe übernehmen // B: 2 Geld verdienen, 3 bekommt man Taschengeld, 4 mache ich Hausaufgaben, 5 eine Aufgabe übernehmen
Wortschatz und Redemittel Übung 4	dusche, frühstücke, ziehe … an, gehe, fährt, beginnt, ist … zu Ende, haben, bin, esse, mache, setze, sehe … fern, gehe … schlafen
Wortschatz und Redemittel Übung 5	2 Urlaub, 3 Eltern, 4 Freizeit, 5 Hausarbeit, 6 Taschengeld, 7 Geschwister, 8 Spielplatz, 9 Verbot, 10 Geburtstag, 11 Katze, 12 Monate (Lösungswort: Alltagsleben)

Schreiben, Teil 3	Sie, Ich, ich, ich, ich, Ihnen, er, mir

Sprechen, Teil 2	**FOLIE 1:** Ich möchte über das Thema „Brauchen Kinder Taschengeld?" sprechen. Dabei möchte ich zuerst über meine persönlichen Erfahrungen berichten. Dann werde ich über die Situation in meinem Heimatland und über die Vorteile und Nachteile von Taschengeld sprechen. Am Ende werde ich auch meine eigene Meinung dazu sagen. **FOLIE 2:** Ich habe als Kind kein Taschengeld bekommen, ich meine, regelmäßig jede Woche oder jeden Monat. Immer wenn ich etwas haben wollte, bin ich zu meiner Mutter gegangen. Sie hat mir das Geld dann gegeben und ich konnte mir etwas kaufen. **FOLIE 3:** Ich glaube, in Griechenland bekommen heute die meisten Kinder Taschengeld. Mit dem Geld kaufen sie gewöhnlich Süßigkeiten oder sie gehen ins Kino oder so etwas. Aber ich weiß nicht genau, wie viel Geld sie bekommen. **FOLIE 4:** Wenn Kinder jede Woche eine bestimmte Summe bekommen, können sie selbst entscheiden, wofür sie das Geld ausgeben wollen und das ist positiv. Aber vielleicht kaufen sie Dinge, die sie gar nicht brauchen, nur weil andere Kinder auch so etwas haben. Und dann ist das Geld weg! Aber ich finde es trotzdem wichtig, dass Kinder schon früh lernen mit Geld umzugehen. Dabei kann Taschengeld auf jeden Fall helfen. **FOLIE 5:** Das war alles, was ich zum Thema „Taschengeld" zu sagen hatte. Natürlich könnte man zu diesem interessanten Thema noch viele andere Dinge sagen. Ich möchte euch danken, dass ihr mir so interessiert zugehört habt.

4 Mode und Einkaufen

Einstiegsseite
(online) einkaufen; shoppen; das Einkaufscenter; das Shopping-Center; die Einkaufstüte

Lesen Teil 1	Beispiel (Z. 1-5), 1F, 2R (Z. 11), 3R (Z. 11-13), 4F, 5F, 6R (Z. 24/25)
Lesen Teil 4	20 Nein, 21 Ja, 22 Nein, 23 Nein, 24 Ja, 25 Nein, 26 Ja

Hören Teil 2	11b, 12c, 13a, 14b, 15a
Hören Teil 3	16R, 17F, 18R, 19R, 20F, 21F, 22 R

Wortschatz und Redemittel Übung 5	A: waagerecht: Badehose, Hose, Socken, Stiefel, Hut, Ohrring / senkrecht: Kostüm, Ring, Handschuhe, Schuhe, Jacke, Jackett, Kette, Strumpf, Mantel B: 2 Badehose, 3 Hosen, 4 Ohrringe, 5 Kostüm, 6 Kette, 7 Mantel, 8 Handschuhe

Schreiben, Teil 3	Ihrer, ich, sie, Sie, Ich, Ihr

Sprechen, Teil 1	–Wir alle haben viele Dinge zu Hause, die wir nicht mehr brauchen. Damit könnten wir einen Flohmarkt veranstalten. –Das ist eine gute Idee! Am besten in der Schule, in der Eingangshalle. –Glaubst du, dass wir dort genug Platz haben? Vielleicht wär es besser in der Turnhalle. –Ja, da hast du recht. Und wann soll der Flohmarkt stattfinden? –Samstag ist der beste Tag, aber wir müssen unseren Mitschülern ein bisschen Zeit geben. Ich schlage Samstag in einem Monat vor. –Ja, einverstanden, dann haben wir genug Zeit, um alle zu informieren. Wir können morgens um 10 Uhr beginnen. Oder ist das zu früh? –Ja, vielleicht wäre 11 Uhr besser. Schließlich möchte man am Samstag ein bisschen ausschlafen. –Okay, dann sagen wir 11 Uhr. Wir brauchen ein paar Helfer, etwa 5 oder 6 Mitschüler, die den Raum vorbereiten, Poster machen, Infoplakate usw. und die auch beim Flohmarkt dabei sind. –Okay, ich werde mit Schülern aus der 11. und 12. Klasse sprechen. Ich glaube schon, dass die mitmachen. Der nächste Punkt ist, was wir auf dem Flohmarkt verkaufen wollen. –Also, ich habe zu Hause ziemlich viele Kinder- und Jugendbücher, die ich nicht mehr brauche. Die könnte ich für den Flohmarkt mitbringen. –Ja, Bücher sind immer gut. Oder auch CDs, Computerspiele usw. Es gibt immer Leute, die sich dafür interessieren. Und was machen wir mit dem Geld, das wir damit verdienen? –Wir könnten es für einen guten Zweck spenden, z.B. für ein SOS Kinderdorf. –Ich weiß nicht, das finde ich nicht so gut. Wie wäre es mit …? –Gut, ich bin einverstanden. Wir können ja auch noch die anderen fragen, was sie meinen. –Außerdem sollten wir auch nicht vergessen, dass die Helfer an diesem Samstag etwas zum Essen und Trinken brauchen. Sie sind ja den ganzen Tag in der Schule … –Da hast du recht, das finde ich auch wichtig. Also müssen wir belegte Brötchen und Saft und Cola mitbringen. Vielleicht noch Pizza … –Ja, und ein bisschen Obst, das kann man immer essen. –Ja, klar! Ich glaube, dann haben wir über alle Punkte gesprochen!

⑤ Feste und Feiern

Einstiegsseite

der Karneval; sich verkleiden; der Tannenbaum / der Weihnachtsbaum; der Hase; Ostereier (färben); die Geburtstags-, Hochzeitstorte; feiern, gratulieren

Lesen Teil 3	13f, 14h, 15-, 16i, 17a, 18j, 19d
Lesen Teil 4	20 Ja, 21 Nein, 22 Ja, 23 Nein, 24 Nein, 25 Ja, 26 Ja

Hören Teil 2	11c, 12b, 13a, 14c, 15a
Hören Teil 4	Moderator: 25, 27; Fischer: 24, 28, 30; Reisig: 23, 26, 29

Wortschatz und Redemittel Übung 1	A: 1 Weihnachten, 2 Silvester, 3 Valentinstag, 4 Ostern, 5 Tag der Deutschen Einheit, 6 Hochzeit, 7 Muttertag / Internationaler Frauentag, 8 Geburtstag, 9 Sommerfest, 10 Karneval
Wortschatz und Redemittel Übung 3	Weihnachten: Schnee, Glaskugeln, Tradition, Kirche, Geschenke, CD, Parfüm, Kerzen, Süßigkeiten, Familienfest Silvester / Neujahr: Schnee, Party, Musik, Sekt, Feuerwerk, Tradition Ostern: Eier, Hase, Tradition, Kirche, Geschenke, Süßigkeiten, Familienfest, Lammbraten Geburtstag / Namenstag: Party, Geschenke, Musik, Süßigkeiten, Torte, Kerzen Karneval: lustige Kostüme, Umzüge, Rosenmontag, Party Hochzeit: Kirche, Torte, Brautpaar, Blumen, Geschenke, Party, Sekt, Ringe, Verliebte Valentinstag: Verliebte, Blumen, Süßigkeiten

Schreiben, Teil 1	hat … gegeben, haben … teilgenommen, habe … gefunden, angehört habe, veranstaltet, mitgebracht habe
Sprechen, Teil 2	**FOLIE 1:** Ich möchte über das Thema „Soll man sich zu Weihnachten etwas schenken?" sprechen. Dabei möchte ich zuerst über meine persönlichen Erfahrungen berichten. Dann werde ich über die Situation in meinem Heimatland und über die Vorteile und Nachteile sprechen und meine Meinung dazu sagen. **FOLIE 2:** Letztes Jahr habe ich von meinen Eltern zu Weihnachten eine Perserkatze bekommen. Schon lange habe ich mir eine kleine Katze gewünscht. Deshalb habe ich mich wahnsinnig über dieses Geschenk gefreut! **FOLIE 3:** Allgemein ist es in meinem Heimatland üblich, dass man sich zu Weihnachten etwas schenkt. Die Mitglieder der Familie und Freunde und manchmal auch Bekannte bekommen ein Geschenk. **FOLIE 4:** Leider gibt man oft sehr viel Geld für Geschenke aus, und das ist jetzt in der Krise ein Problem. Auf der anderen Seite finde ich es toll, wenn man seiner Familie und seinen Freunden zeigt, dass man an sie denkt. Man kann ja auch ein kleines Geschenk geben. **FOLIE 5:** Das war alles, was ich zu diesem Thema zu sagen hatte. Ich danke euch, dass ihr mir so aufmerksam zugehört habt.

 # Beziehungen

Einstiegsseite

das Familienmitglied; der / die Verwandte; der Großvater; der Enkel(sohn); die Großfamilie; die Kleinfamilie; die Patchworkfamilie; zusammenleben mit; heiraten; sich trennen; sich scheiden lassen; der Single; ledig; verheiratet; geschieden; zusammenpassen; sich (nicht) gut verstehen; sich mögen; sich lieben; (k)ein gutes Verhältnis haben zu; (keinen) Kontakt haben mit; sich streiten mit

Lesen Teil 1	Beispiel (Z. 1), 1R (Z. 4-6), 2R (Z. 10/11) , 3F, 4F, 5R (Z. 19-21), 6F
Lesen Teil 2	Beispiel (Z. 1-3), 7b, 8a (Z. 5-10), 9b (Z. 21-25)
Lesen Teil 2	10c (Z. 4-9), 11b (Z. 15-17), 12a (Z.19-26)

Hören Teil 1	1F, 2b, 3F, 4a, 5R, 6c, 7R, 8a, 9R, 10c
Hören Teil 4	Moderatorin: 23, 27; Reinhold: 24, 29, 30; Bock: 25, 26, 28

Wortschatz und Redemittel Übung 1	A: mögliche Lösungen Jemand, der ehrlich ist, sagt die Wahrheit und lügt nicht. Jemand, der fleißig ist, arbeitet viel. Jemand, der geduldig ist, wird nicht so schnell böse, er verliert nicht die Geduld. Jemand, der gerecht ist, behandelt alle gleich. Ein gutaussehender Mensch ist hübsch, schön. Ein humorvoller Mensch ist fröhlich und kann über das Leben lachen. Jemand, der intelligent ist, ist klug und denkt nach. Jemand, der tolerant ist, akzeptiert auch andere Meinungen. Jemand, der verständnisvoll ist, versteht die Probleme anderer Menschen. Jemand, der zärtlich ist, behandelt andere liebevoll.
Wortschatz und Redemittel Übung 2	A: 2 gefällt, 3 mag, 4 lieben, 5 hassen, 6 streiten // B: 1 verliebt, 2 befreundet, 3 geheiratet, 4 Beziehung, 5 zusammengelebt, getrennt
Wortschatz und Redemittel Übung 3	1 sich unterhalten, 2 Verabredung, 3 arbeitslos, 4 Nachbarn, 5 wissen, 6 entspannt

Schreiben, Teil 1	… die Hochzeit in Stuttgart war wirklich toll! Das Brautpaar hat in einer ganz modernen Kirche geheiratet. Zur Hochzeitsfeier sind so viele Gäste gekommen, dass sie gar nicht alle in die Kirche hineingepasst haben! Deshalb hat man die Feier auf einem großen Monitor vor der Kirche übertragen. So haben alle miterlebt, wie die Braut dem Bräutigam das Ja-Wort gegeben hat. Es war sehr romantisch! Aber am allerbesten hat mir die Musik gefallen: Drei Musiker haben Saxophon, Klarinette und Gitarre gespielt. Das war etwas ganz Besonderes! So etwas habe ich bei einer Hochzeit noch nie gesehen! Ich hoffe, dass es dir inzwischen wieder besser geht. Können wir uns nächste Woche mal treffen? Dann kann ich dir auch die Fotos von der Hochzeit zeigen!

Schreiben, Teil 2	pro: 1, 5, 8, 9 / kontra: 2, 3, 4, 6, 7

 7 Sport und Spiel

Einstiegsseite

die Sportart; Basketball spielen; joggen; laufen; springen; Schach spielen; das Training; der Verein; das Mitglied; gewinnen; verlieren

Lesen Teil 3	13g, 14-, 15f, 16a, 17i, 18d, 19c
Lesen Teil 4	20 Nein, 21 Ja, 22 Ja, 23 Nein, 24 Nein, 25 Ja, 26 Ja
Lesen Teil 5	27c (Z. 36-39), 28b (Z. 15-18), 29c (Z. 42-44), 30a (Z. 1/2)

Hören Teil 2	11b, 12a, 13b, 14c, 15a
Hören Teil 3	16F, 17R, 18R, 19R, 20F, 21F, 22R

Wortschatz und Redemittel Übung 2	waagerecht: Gymnastik, Skilaufen, Joggen, Basketball, Climbing, Schwimmen // senkrecht: Reiten, Tennis, Fußball, Skaten
Wortschatz und Redemittel Übung 3	A: 2 Ski laufen, 3 die Leistung verbessern, 4 eine Medaille gewinnen, 5 eine Sportart empfehlen, 6 auf seine Linie achten, 7 Leistungssport machen, 8 Regeln beachten // B: 2 Medaillen gewinnen, 3 auf seine Linie achtet, 4 Leistungssport macht, 5 eine Sportart empfehlen, 6 Ski laufen, 7 Regeln beachten, 8 ihre Leistung verbessern // C: 2 Trainer, 3 Schwimmbad, 4 Sportgeräte, 5 Mannschaft, 6 Mitglieder, 7 Meisterschaft, 8 Massensport

Schreiben, Teil 3	Lösungsvorschlag: ... leider kann ich heute nicht zum Basketball-Training kommen, weil ich mir gestern im Turnunterricht den Arm verletzt habe. Ich habe ziemlich starke Schmerzen und kann den Arm nicht bewegen. Der Arzt sagt, dass ich den Arm eine Woche schonen soll. Bitte entschuldigen Sie mein Fehlen. Ich hoffe, dass ich bald wieder beim Training mitspielen kann.

 Tiere

Einstiegsseite

das Haustier; der Hund; die Katze; das Zootier; der Elefant; die Kuh; die Eule;
sich um ein Tier kümmern; füttern

Lesen Teil 1	Beispiel (Z. 3-5), 1F, 2F, 3R (Z. 13/14), 4R (Z. 20/21), 5R (Z. 22), 6F
Lesen Teil 5	27b (Z. 10-12), 28c (Z. 40-42), 29b (Z. 20/21), 30a (Z. 30/31)

Hören Teil 2	1R, 2b, 3R, 4c, 5F, 6a, 7R, 8c, 9F, 10b
Hören Teil 3	Moderator: 25, 29; Richter: 23, 26, 28; Böttger: 24, 27, 30

Wortschatz und Redemittel Übung 2	jeden Tag: das Aquarium / den Käfig saubermachen, es füttern, mit ihm sprechen, es streicheln // regelmäßig: es impfen lassen, es scheren lassen, es baden, es zum Tierarzt bringen, ihm die Nägel schneiden
Wortschatz und Redemittel Übung 3	Futter (Essen / Lebensmittel), fressen (essen), Vierbeiner (Zweibeiner), Maul (Mund)
Wortschatz und Redemittel Übung 4	waagerecht: Vogel, Frosch, Hund, Maus, Pudel, Lamm, Elefant, Tiger, Wellensittich, Fisch, Schwein // senkrecht: Löwe, Schlange, Katze
Wortschatz und Redemittel Übung 5	A / Pro: Die Tiere werden … betreut / Die Tiere werden gefüttert … überleben / Die Menschen können Tiere live beobachten … könnten / Die Menschen werden … sensibilisiert

Schreiben, Teil 1	… am Freitag waren wir in Leipzig im Zoo. Der ganze Zoo ist großartig, aber am meisten hat mich Gondwanaland beeindruckt. So heißt die größte Tropenhalle Europas, die erst vor wenigen Jahren eröffnet wurde. Auf 16.500 Quadratmetern wurde eine afrikanische Steppe nachgebildet, die Kiwara-Savanne. Stell dir vor, diese Fläche ist so groß wie zweieinhalb Fußballplätze! Hier kann man Zebras, Antilopen, Gazellen und andere Tiere aus dem schwarzen Kontinent beobachten. Unter einem riesigen Glasdach hat der Zoo für 300 Tiere und 17.000 Pflanzen ein neues Zuhause geschaffen. Am Sonntag kommen wir wieder zurück. Dann möchte ich dich natürlich unbedingt sehen. Können wir uns nächste Woche mal treffen? Dann zeige ich dir auch die Fotos, die ich im Zoo gemacht habe!

 9 Essen und Trinken

Einstiegsseite
Fast Food (Pommes frites); der Fisch; das Müsli; das Restaurant; das Café; die Cafeteria; die Kantine; die Mensa; sich (nicht) gesund ernähren

Lesen Teil 2	Beispiel (Z.5/6), 7c, 8a (Z. 13/14,17-22), 9c (Z. 22-25)
Lesen Teil 2	10b, 11c (Z. 8-11), 12a (Z. 15-20)
Lesen Teil 3	13-, 14j, 15i, 16a, 17f, 18e, 19b
Lesen Teil 4	20 Nein, 21 Ja, 22 Nein, 23 Ja, 24 Nein, 25 Ja, 26 Ja

Hören Teil 2	11b, 12c, 13b, 14c, 15a
Hören Teil 3	16F, 17R, 18F, 19R, 20R, 21F, 22R

Wortschatz und Redemittel Übung 3	waagerecht: Butter, Bier, Eier, Salat, Saft, Margarine // senkrecht: Obst, Käse, Tee, Brot, Wurst, Tomate
Wortschatz und Redemittel Übung 4	1e, 2d, 3a, 4b, 5k, 6g, 7n, 8l, 9m, 10f, 11c, 12j, 13h, 14i
Wortschatz und Redemittel Übung 5	1 gesund, 2 preiswert, 3 kalorienarm, 4 salzig, 5 saftig, 6 sauer, 7 leicht, 8 natürlich, 9 pikant, 10 täglich, 11 fett (Lösungswort: Spezialität)

Schreiben, Teil 2	pro: 2, 3, 4, 7 // kontra: 1, 5, 6

Schreiben, Teil 3	Lösungsvorschlag: … leider kann ich am Samstag nicht bei unserer Informationsveranstaltung mithelfen. Meine Mutter liegt mit einer schweren Grippe im Bett, mein Vater ist auf einer Geschäftsreise. Deshalb muss ich auf meinen kleinen Bruder aufpassen. Bitte entschuldigen Sie mein Fehlen. Ich hoffe, dass Sie Ersatz für mich finden. Es tut mir wirklich leid!

⑩ Reisen und Urlaub

Einstiegsseite

Ferien / Urlaub haben; Skiurlaub machen; Aktivferien; Abenteuerurlaub; Nordic Walking; (den) Koffer packen; sich erholen; träumen von …, Traumurlaub

Lesen Teil 3	13f, 14e, 15h, 16g, 17-, 18i, 19j
Lesen Teil 5	27a (Z. 27-30), 28b (Z. 44/45), 29c (Z. 1-5), 30c (17-18)

Hören Teil 2	11c, 12a, 13a, 14b, 15c
Hören Teil 3	16R, 17F, 18R, 19F, 20F, 21R, 22F

Wortschatz und Redemittel Übung 3	2 im Reisebüro, 3 im Reisekatalog, 4 im Internet, 5 in der Zeitung, 6 bei der Touristeninformation
Wortschatz und Redemittel Übung 4	a. Koffer packen, b. einen Flug buchen, c. sich nach preiswerten Übernachtungsmöglichkeiten erkundigen, e. ein Hotelzimmer reservieren, f. einen Reiseplan machen, g. ein Ferienziel wählen
Wortschatz und Redemittel Übung 5	A: 2 Zimmervermittlung, 3 Souvenirs, 4 Reiseführer, 5 Abreise, 6 Veranstaltung, 7 Zimmerservice, 8 Eintrittskarte // B: 2 Stadtplan … Reiseführer, 3 Erholungsreise, 4 Hotel … Pension, 5 Sehenswürdigkeiten, 6 Museen … Ausstellungen

Schreiben, Teil 1	… erst vor ein paar Stunden bin ich aus Deutschland zurückgekommen! Wie du weißt, habe ich dort einen zweiwöchigen Deutschkurs gemacht. An dem Deutschkurs haben noch neun andere Jugendliche teilgenommen. Sie sind aus Italien, Polen und Frankreich gekommen. Pro Woche hatten wir 20 Stunden Deutschunterricht und (wir) haben am Ende sogar eine Prüfung abgelegt. Die Gastfamilie, bei der ich gewohnt habe, war sehr nett. Ich hatte wirklich großes Glück! Alex, der Sohn der Gasteltern, ist genauso alt wie ich und wir haben uns fantastisch verstanden. Wir haben uns oft miteinander unterhalten und er hat mir viele Dinge erklärt. Das hat mir sehr geholfen. Wenn du einen Sprachkurs machst, sollte dein Wohnort möglichst in der Nähe der Sprachschule liegen. Dann bist du nicht so lange unterwegs. Und mach unbedingt einen Ausflug in die Schweiz, wenn das Wetter gut ist!

 Gesundheit

Einstiegsseite

der Patient; das Medikament (ein)nehmen; die Tablette; die Salbe; Tropfen; gesund/krank sein; viel Bewegung haben; zum Arzt gehen; der Arzt; ein Medikament verschreiben; untersuchen

Lesen Teil 4	20 Nein, 21 Nein, 22 Ja, 23 Nein, 24 Nein, 25 Ja, 26 Ja
Lesen Teil 5	27c (Z. 31-34), 28a (Z. 22/23), 29b (Z. 1-3), 30c (Z. 40-43)

Hören Teil 1	1F, 2c, 3R, 4b, 5F, 6a, 7R, 8c, 9F, 10b
Hören Teil 4	Moderatorin: 25, 28; Kühn: 23, 29; Reese: 24, 26, 27, 30

Wortschatz und Redemittel Übung 1	A: 2 leidet, 3 fühle, 4 schadet, 5 behandelt, 6 nützt, 7 weigert, 8 verunglückt // B: 2 Allergie, Apotheke, 3 Schmerzen, Sprechstunde, Praxis, Patienten, 4 Medikament, Operation, Krankenhaus, 5 Krankenkasse, 6 Unfall // C: 2 kranke, 3 ungefährliche, 4 schwere, schlimme, 5 natürliche, 6 wirksame

 Studium und Beruf

Einstiegsseite

der Schulbesuch; der Hauptschulabschluss / der Realschulabschluss; das Abitur (machen); eine Berufsausbildung machen; lernen; arbeiten; berufstätig sein; Karriere machen

Lesen Teil 1	1R (Z. 11/12), 2R (Z. 17), 3F, 4F, 5F, 6R (Z. 30)
Lesen Teil 2	Beispiel (Z. 1-3), 7b, 8a (Z. 10-14), 9c (Z. 22-26)
Lesen Teil 2	10c, 11a (Z. 20/22), 12b (Z. 30/31)

Hören Teil 2	11a, 12b, 13a, 14c, 15b
Hören Teil 3	16F, 17R, 18F, 19F, 20R, 21R, 22F

Wortschatz und Redemittel Übung 1	waagerecht: Koch - Köchin, Friseur - Friseurin, Chirurg - Chirurgin, Chemiker - Chemikerin, Sekretär - Sekretärin, Regisseur - Regisseurin // senkrecht: Lehrer - Lehrerin, Sportler - Sportlerin, Taxifahrer - Taxifahrerin, Sänger - Sängerin, Steward - Stewardess, Tierarzt - Tierärztin
Wortschatz und Redemittel Übung 5	nette/gute Kollegen, hohe/sichere Rente, gutes/angenehmes Arbeitsklima, netter/guter Chef, hohes/gutes/sicheres Einkommen, sicherer/guter Arbeitsplatz, genug Freizeit, gute Sozialversicherung, angenehme/ interessante Tätigkeit
Wortschatz und Redemittel Übung 7	A: einen guten Arbeitsplatz auswählen, suchen, finden, haben das Abitur haben, machen, ablegen eine gute Note bekommen, haben ein Studium absolvieren, abschließen, beenden eine Prüfung ablegen, machen, absolvieren Karriere machen, beenden eine Lehrstelle auswählen, bekommen, suchen, finden, haben eine Bewerbung schreiben, machen die Schule absolvieren, abschließen, beenden, besuchen über Zusatzqualifikationen verfügen Aufstiegschancen haben B: 2 einen guten Arbeitsplatz zu finden / 3 suchen sie eine Lehrstelle / 4 eine Bewerbung schreiben / 5 abgeschlossen hat / 6 gute Noten hat / 7 das Abitur machen / 8 Karriere machen will, … über Zusatzqualifikationen verfügen

Schreiben, Teil 1	wie du weißt, hatten wir gestern eine Info-Veranstaltung über das duale Ausbildungssystem in Deutschland. Bisher wusste ich sehr wenig darüber, welche Ausbildung man machen muss, um z.B. Elektriker oder Dachdecker zu werden. Deshalb fand ich diese Veranstaltung sehr informativ. Denn wir haben erfahren, was ein duales Ausbildungssystem ist: Den theoretischen Teil der Ausbildung bekommt man in der Berufsschule, die man gewöhnlich an zwei Tagen in der Woche besucht. Gleichzeitig findet an den übrigen Tagen eine praktische Berufsausbildung in einem Betrieb statt. Besonders interessant war für mich (die Tatsache), dass … Wenn du noch mehr Details möchtest, findest du im Internet viele weitere Informationen. Du brauchst nur „Duales Ausbildungssystem" einzugeben. Wenn du willst, kann ich dir dabei helfen.
Schreiben, Teil 3	Lösungsvorschlag: Sehr geehrte Frau Hammer, leider kann ich aus familiären Gründen am Sonntag nicht an der Veranstaltung teilnehmen. Diese Informationen sind aber sehr wichtig für mich, weil ich mich für diese Berufsbilder interessiere. Deshalb möchte ich Sie fragen, ob ich nur am Samstag teilnehmen kann. Vielleicht könnten Sie eine Ausnahme machen. Vielen Dank für Ihr Verständnis

13 Medien und Technik

Einstiegsseite
fernsehen; Internet; Radio / Musik hören; Zeitung lesen; (über Handy, Computer) kommunizieren

Lesen Teil 2	Beispiel (Z. 6-8), 7b, 8a (Z. 11-14), 9c (Z. 24-27)
Lesen Teil 2	10c , 11b (Z. 11/12), 12a (Z. 27-30)
Lesen Teil 5	27b (Z. 3/4), 28c (Z. 47-49), 29b (Z. 25-27), 30a (Z. 18/19)

Hören Teil 1	1R, 2b, 3F, 4a, 5R, 6c, 7F, 8b, 9R, 10a
Hören Teil 4	Moderator: 24, 26; Reuter: 23, 25, 29; Schulte: 27, 28, 30

Wortschatz und Redemittel Übung 1	2j / 3a, b, c, f, l, m, n, o, p / 4a, b, l ,m, n, o, p / 5f, l, o, p / 6c / 7e / 8b, d, g, h, j, / 9i, j, o, q / 10e, g / 11k
Wortschatz und Redemittel Übung 2	2 Lexikon, 3 Roman, 4 Programm, 5 CD-ROM, 6 USB-Stick, 7 Anzeige, 8 Sender
Wortschatz und Redemittel Übung 3	2 Sendung … Sender, 3 Fernseher, 4 Wetterbericht, 5 Anrufbeantworter, 6 Telefonzelle … Telefonkarte, 7 abonnieren … erscheinen, 8 Fernsehen, 9 anmachen , 10 Zuschauer
Wortschatz und Redemittel Übung 4	A: bekannte, langweilig, romantische, traurig, spannende

Schreiben, Teil 3	Leider habe ich die Frist nicht beachtet und meine Bewerbung zu spät losgeschickt. Wäre es vielleicht ausnahmsweise möglich, dass Sie meine Bewerbung doch noch annehmen? Bitte entschuldigen Sie meinen Fehler. Ich wäre Ihnen sehr dankbar, wenn Sie mir noch eine zweite Chance geben würden.

Wohnen und Umwelt

Einstiegsseite

die Natur; die Landschaft; die Industrie (-anlagen); die Umweltverschmutzung; der Umweltschutz; in der Stadt / auf dem Land wohnen

Lesen Teil 3	13-, 14h, 15i, 16e, 17a, 18d, 19f
Lesen Teil 4	20 Nein, 21 Ja, 22 Nein, 23 Ja, 24 Nein, 25 Nein, 26 Ja
Hören Teil 1	1R, 2c, 3F, 4a, 5F, 6b, 7R, 8a, 9F, 10c
Hören Teil 3	1R, 2c, 3F, 4a, 5F, 6b, 7R, 8a, 9F, 10c
Wortschatz und Redemittel Übung 1	Ort / Lage: in einer Großstadt / Kleinstadt, in einem Vorort, im Grünen, auf dem Land, im Zentrum, in der Nähe einer Haltestelle, Stadtrand Haus: Einfamilienhaus, Hochhaus, Villa Das Haus hat: Garten, Balkon, Garage, Fahrstuhl, Die Wohnung hat: … Zimmer, Balkon, Küche, Bad, Toilette, Gästezimmer, Wohnzimmer, Kinderzimmer, Lage der Wohnung: im Erdgeschoss, im … Stock
Wortschatz und Redemittel Übung 2	2 öffentliche, 3 große, 4 sonnige, 5 geringe, 6 sinnvolle
Wortschatz und Redemittel Übung 3	b Hochhaus, c Verkehrsmittel, d Bewohner, e Umzug, f Wind, g Strom, h Miete, i Pflanzen, j Garten (Lösungswort: Wohnzimmer)
Wortschatz und Redemittel Übung 4	A: 1e, 2h, g, 3f, l, 4f, 6i, 7a, g, 8d, k, 9b, 10c, 22d, 12a, g, h B: (Beispiele) Man sollte das Auto nicht so oft waschen. Man sollte nicht so lange duschen. Man sollte nicht unnötig das Licht brennen lassen. Man sollte weniger elektrische Geräte benutzen.
Schreiben, Teil 1	Das Rad ist zwar gebraucht, aber es ist in sehr gutem Zustand. Außerdem hat es 21 Gänge und … Mir gefällt auch die Farbe: Es ist … und hat einen … Korb. Ich bin ganz happy, dass ich jetzt endlich ein eigenes Fahrrad habe, weil ich mit meinen Freunden Radtouren machen kann. Hast du Lust, am Wochenende mit mir und meinen Freunden an den Bodensee zu fahren? Wir könnten in einer Jugendherberge übernachten und am Sonntag zurückfahren.

Leben und Arbeiten im Ausland

Einstiegsseite
der Ausweis; der Pass; die Papiere; das Visum; Geld wechseln; einen Auslandsaufenthalt planen/
vorbereiten

Lesen Teil 1	1F, 2R (Z. 14-16) , 3F, 4R (Z. 21), 5R (Z. 27-29), 6F
Lesen Teil 2	Beispiel (Z. 1-3), 7c (Z. 7-9), 8b (Z.16-18), 9c (Z.19-22)
Lesen Teil 2	10a, 11c (Z. 9-11), 12b (Z. 27-30)
Hören Teil 13	16R, 17F, 18R, 19R, 20R, 21F, 22F
Hören Teil 4	Moderatorin: 27, 30; Seiler: 23, 26, 28; Lose: 24, 25, 29
Wortschatz und Redemittel Übung 1	Ausländerfeindlichkeit: Angriffe und Beschimpfungen, Aggressivität; Einsamkeit: fremd, wenig Kontakt, hohe Telefonkosten; Einstellung zur Arbeit: anderes System; Essen: ungewohnt, schmeckt nicht, andere Rezepte; Familie: hohe Telefonkosten, wenig Kontakt, weit entfernt; Freizeitgestaltung: ungewohnt, teuer, andere Vorlieben und Abneigungen; Klima: ungewohnt, Kälte/Hitze, Regen, Dunkelheit; andere Mentalität: mangelnde Hilfsbereitschaft, fremd, mangelnde Vertrautheit, mehr/weniger spontan, unpersönlich, andere Vorlieben und Abneigungen, weniger Herzlichkeit, Gleichgültigkeit; Sprachkenntnisse: Verständigungsschwierigkeiten, fehlender Wortschatz; Wohnungen: teuer, unpersönlich
Wortschatz und Redemittel Übung 2	die Sprache gut lernen, sich über die Gewohnheiten … informieren, im Internet suchen, möglichst viele Gerichte probieren, für Freunde … kochen, Kollegen zu mir … einladen, ein Gericht … kochen/probieren, warm anziehen, Kollegen/Freunde … bitten, Vorurteile abbauen, den anderen … erklären, Kontakt zu … herstellen
Schreiben, Teil 1	Lösungsvorschlag: Wie dir meine Mutter erzählt hat, war ich ja ein halbes Jahr als Au-Pair in Paris. Ich war bei einer sehr netten Familie, die im Quartier Latin wohnt. In der Familie musste ich auf die beiden kleinen Kinder aufpassen. Annie und Adele sind sechs und acht Jahre alt und sehr süß! Außerdem habe ich beim Einkaufen und beim Kochen geholfen. Am Nachmittag habe ich mich immer mit anderen Au-Pairs getroffen und wir haben uns viele Sehenswürdigkeiten in Paris angesehen. Am besten haben mir die Spaziergänge in Paris gefallen. Da haben wir Kaffee getrunken und oft haben wir uns auch in Cafés mit Franzosen unterhalten. Ich habe viele Souvenirs aus Paris mitgebracht. Außerdem habe ich gelernt, ein paar französische Gerichte zu kochen. Deshalb möchte ich gerne einen französischen Abend bei mir veranstalten, mit französischer Musik und einigen französischen Gerichten und Süßigkeiten, die ich selbst zubereite. Hast du am Wochenende Zeit? Liebe Grüße Dein/Deine
Schreiben, Teil 3	Lösungsvorschlag: Leider konnte ich im Internet den Fahrplan für die S-Bahnen nicht finden. Deshalb weiß ich nicht, wann genau die S-Bahn fährt. Vielleicht habe ich falsche Daten eingegeben, ich weiß es nicht. Mein Flugzeug landet um 16.35 Uhr und ich kann natürlich mit der S-Bahn fahren. Aber könnten Sie mir vielleicht schreiben, wann nach 17 Uhr S-Bahnen zu Ihnen fahren? Oder könnten Sie mir eine SMS schicken? Entschuldigen Sie bitte, dass ich Sie damit belästige, aber es ist nicht ganz leicht für mich.

Schreiben, Teil 1
KORREKTURBEISPIEL 1

Liebe Gloria,
zurück aus Paris, wieder in die Heimat! Wie dir meine Mutter hat erzählt, war ich ein halbes Jahr
als Au Pair in Paris. Es war wirklich ganz toll! Ich war in einer sehr netten Familie, auf ihre beide
Kinder ich aufpassen musste. Außerdem habe ich beim Einkaufen und beim Kochen geholfen. Ganz
besonders haben mir die Spaziergänge, die ich mit die anderen Au Pairs zusammen in Paris gemacht
haben. Da haben wir uns in Cafés auch mit Franzosen unterhalten.
Ich habe viele Souvenirs aus Paris mitgebracht und möchte gern einen französischen Abend bei mir
veranstalten, mit französische Musik und einigen französischen Gerichten und Süßigkeiten. Hast du
am Wochenende Zeit?
Dein(e) …

(112 Wörter)

Beispiel für eine sehr gute Leistung auf B1-Niveau (40 Punkte):

Kriterium	Kommentar	Bewertung
Erfüllung der Aufgabenstellung	mit 112 Wörtern angemessen lang (mindestens 80 Wörter), alle 3 Sprachfunktionen (Inhaltspunkte) werden angemessen behandelt	A (10 Punkte)
Kohärenz	Textaufbau und Verknüpfungen durchgängig und effektiv	A (10 Punkte)
Wortschatz	differenziert	A (10 Punkte)
Strukturen	überwiegend angemessen, vereinzelte Fehlgriffe beeinträchtigen das Verständnis nicht	A (10 Punkte)

KORREKTURBEISPIEL 2

Liebe Gloria,
nun bin ich wieder zu Hause! Du weißt, ich war ein halbes Jahr als Au Pair in Paris. Ich war in einer sehr freundlich Familie und habe ich die Hausfrau im Haushalt helfen und auf die drei kleinen Kinder gepasst. Paris hat mich wahnsinnig gut gefallen, die Spaziergänge besonders, die haben mit den anderen Au Pairs zusammen in Paris machen. Wir die Sehenswürdigkeiten geschaut haben und gegessen und getrunken wie Franzosen.
Ich möchte gern ein französisches Abend in meiner Hause veranstalten und selbst französisch kochen am Wochenende? Hast du Zeit und Lust?
Dein(e) …

(95 Wörter)

Beispiel für eine Leistung auf B1-Niveau (27,5 Punkte):

Kriterium	Kommentar	Bewertung
Erfüllung der Aufgabenstellung	mit 98 Wörtern angemessen lang (mind. 80 W.), alle 3 Sprachfunktionen (Inhaltspunkte) werden angemessen behandelt	A (10 Punkte)
Kohärenz	Textaufbau erkennbar; Verknüpfung von Sätzen fehlen mehrmals	B (7,5 Punkte)
Wortschatz	Spektrum begrenzt; mehrere Fehlgriffe beeinträchtigen das Verständnis teilweise (gepasst, geschaut)	C (5 Punkte)
Strukturen	mehrere Fehlgriffe beeinträchtigen das Verständnis teilweise (fehlerhafte Verwendung der Vergangenheitsformen)	C (5 Punkte)

Schreiben, Teil 3
KORREKTURBEISPIEL 1

Sehr geehrte Damen und Herren,
schon immer wollte ich in eine Fernsehshow mitspielen, weil alle meine Freunde sagen, dass ich habe Talent.
Entschuldigen Sie mein zu spät schreiben, aber ich habe den Termin falsch notiert: Statt 15. Mai habe ich 25. Mai aufgeschrieben.
Könnten Sie meine Bewerbung trotzdem noch annehme? Bitte, geben Sie mir noch eine Chance!
Mit freundlichen Grüßen
…

(63 Wörter)

Beispiel für eine sehr gute Leistung auf B1-Niveau (18,5 Punkte):

Kriterium	Kommentar	Bewertung
Erfüllung der Aufgabenstellung	mit 63 Wörtern angemessen lang (mind. 40 W.) inhaltlich und soziokulturell angemessen (Anrede, Gruß, entsprechende Pronomen)	A (4 Punkte)
Kohärenz	Textaufbau und Verknüpfungen durchgängig und effektiv	A (4 Punkte)
Wortschatz	differenziert	A (6 Punkte)
Strukturen	überwiegend angemessen, mehrere Fehlgriffe beeinträchtigen das Verständnis nicht	B (4,5 Punkte)

KORREKTURBEISPIEL 2

> Liebe Agentur,
> ich bewerbe zu spät, das tut mir leid.
> Ich habe ein falsch mit Datum gemacht.
> Aber ich möchte Sie bitten, schicken Sie meine Bewerbung nicht zurück. Wenn glaubt, dass vielleicht die Rolle ich kann kriegen, antworten Sie bitte!
> Herzlichst

(42 Wörter)

Beispiel für eine Leistung knapp unter der Basis (10, 5 Punkte):

Kriterium	Kommentar	Bewertung
Erfüllung der Aufgabenstellung	im Umfang noch angemessen (42 W.), die Mitteilung ist angemessen, denn Entschuldigung und Anfrage werden behandelt, Anrede durch Pronomen angemessen, Anrede und Schluss sind soziokulturell nicht angemessen (liebe Agentur, Herzlichst)	B (3 Punkte)
Kohärenz	Gliederung erkennbar, Verknüpfungsmittel werden teilweise eingesetzt (Aber, wenn, dass).	B (3 Punkte)
Wortschatz	Spektrum begrenzt, das Verständnis zum Teil gestört (ein falsch, kriegen)	C (3 Punkte)
Strukturen	Spektrum begrenzt; der Lesefluss ist teilweise gestört (bewerbe, ein falsch gemacht), Verständnis gestört durch fehlendes Wort (wenn glaubt) bzw. syntaktische Fehlgriffe (dass vielleicht die Rolle ich kann kriegen)	D (1,5)

BEWERTUNG SCHREIBEN

KRITERIEN
- **Erfüllung der Aufgabe**
- **Kohärenz**
- **Wortschatz**
- **Strukturen**

A	B	C	D	E
Eindeutig auf B1	**Auf B1, einzelne Abstriche**	**Knapp unter B1**	**Deutlich unter B1**	**Nicht bewertbar**

So geht's neu A2-B1

Lesen

Nachname, Vorname

Datum

Wichtiger Hinweis:
So markieren Sie richtig: **X**

Teil 1

	Richtig	Falsch
1	☐	☐
2	☐	☐
3	☐	☐
4	☐	☐
5	☐	☐
6	☐	☐

Teil 2

	a	b	c
7	☐	☐	☐
8	☐	☐	☐
9	☐	☐	☐
10	☐	☐	☐
11	☐	☐	☐
12	☐	☐	☐

Teil 3

	a	b	c	d	f	e	g	h	i	j	o
13	☐	☐	☐	☐	☐	☐	☐	☐	☐	☐	☐
14	☐	☐	☐	☐	☐	☐	☐	☐	☐	☐	☐
15	☐	☐	☐	☐	☐	☐	☐	☐	☐	☐	☐
16	☐	☐	☐	☐	☐	☐	☐	☐	☐	☐	☐
17	☐	☐	☐	☐	☐	☐	☐	☐	☐	☐	☐
18	☐	☐	☐	☐	☐	☐	☐	☐	☐	☐	☐
19	☐	☐	☐	☐	☐	☐	☐	☐	☐	☐	☐

Teil 4

	Ja	Nein
20	☐	☐
21	☐	☐
22	☐	☐
23	☐	☐
24	☐	☐
25	☐	☐
26	☐	☐

Teil 5

	a	b	c
27	☐	☐	☐
28	☐	☐	☐
29	☐	☐	☐
30	☐	☐	☐

Punkte Teile 1 bis 5   ☐☐ / 3 0

Gesamtergebnis:
(nach Umrechnung)   ☐☐☐ / 1 0 0

So geht's neu A2-B1

Hören

Nachname, Vorname

Datum [ ][ ].[ ][ ].[ ][ ][ ][ ]

Teil 1

1 Richtig [ ] Falsch [ ]
2 a [ ] b [ ] c [ ]
3 Richtig [ ] Falsch [ ]
4 a [ ] b [ ] c [ ]
5 Richtig [ ] Falsch [ ]
6 a [ ] b [ ] c [ ]

7 Richtig [ ] Falsch [ ]
8 a [ ] b [ ] c [ ]
9 Richtig [ ] Falsch [ ]
10 a [ ] b [ ] c [ ]

Teil 2

11 a [ ] b [ ] c [ ]
12 a [ ] b [ ] c [ ]
13 a [ ] b [ ] c [ ]
14 a [ ] b [ ] c [ ]
15 a [ ] b [ ] c [ ]

Wichtiger Hinweis:
So markieren Sie richtig: **X**

Teil 3

16 Richtig [ ] Falsch [ ]
17 Richtig [ ] Falsch [ ]
18 Richtig [ ] Falsch [ ]
19 Richtig [ ] Falsch [ ]
20 Richtig [ ] Falsch [ ]
21 Richtig [ ] Falsch [ ]
22 Richtig [ ] Falsch [ ]

Teil 4

23 a [ ] b [ ] c [ ]
24 a [ ] b [ ] c [ ]
25 a [ ] b [ ] c [ ]
26 a [ ] b [ ] c [ ]
27 a [ ] b [ ] c [ ]
28 a [ ] b [ ] c [ ]
29 a [ ] b [ ] c [ ]
30 a [ ] b [ ] c [ ]

Punkte Teile 1 bis 4 [ ][ ] / 30

Gesamtergebnis:
(nach Umrechnung) [ ][ ][ ] / 100

So geht's neu A2-B1

Schreiben

Nachname, Vorname

Datum ☐☐.☐☐.☐☐☐☐

Teil 1

So geht's neu A2-B1

Schreiben

Nachname, Vorname

Datum

Teil 2

So geht's neu A2-B1

Schreiben

Nachname,
Vorname

Datum ☐☐.☐☐.☐☐☐☐

Teil 3

So geht's neu A2-B1

1 Freizeit und Hobbys

Teil 1

Beispiel: ⊙ 1/6

Sie hören eine Durchsage im Schwimmbad.
Liebe Schwimmbadbesucher! <u>Wir möchten Sie nochmals darauf hinweisen, dass das Essen und Trinken nur in der Snackbar, aber nicht im Umkleideraum und in der Schwimmhalle erlaubt ist (01).</u> Denken Sie auch daran, <u>dass Kinder bis zu sieben Jahren das Schwimmbad nur in Begleitung von Erwachsenen benutzen dürfen (02)</u> und dass der Babypool nur von Kleinkindern bis zum dritten Lebensjahr benutzt werden darf. Wir wünschen Ihnen viel Spaß!

Nummer 1 ⊙ 1/7

Sie hören eine Durchsage im Kaufhaus.
Sehr geehrte Kundinnen und Kunden! <u>Unser Haus schließt in 10 Minuten (1).</u> Wenn Sie noch Waren kaufen wollen, bitten wir Sie, <u>die Kassen in der ersten Etage zu benutzen(2).</u> In den anderen Etagen sind die Kassen jetzt leider geschlossen. Wir danken Ihnen für Ihr Verständnis.

Nummer 2 ⊙ 1/8

Sie hören eine Nachricht auf dem Anrufbeantworter.
Hallo Anton, hier ist Thomas. Ich rufe dich wegen Mathe an. Ich bin fast fertig mit den Hausaufgaben, aber eine Aufgabe verstehe ich nicht. Vielleicht kannst du mir helfen. Also … jetzt gehe ich zum Judotraining, <u>aber ab 19.00 Uhr bin ich zu Hause. Ruf mich doch bitte an (4).</u> Bis später! Tschüss!

Nummer 3 ⊙ 1/9

Sie hören eine Durchsage im Radio.
… und hier noch tolle Angebote vom „Sporthaus Sommer". Zum Beispiel: Schwimmbrillen – vorher 29,95 Euro, jetzt für nur 20,40 Euro! Gymnastikbälle – jetzt nur noch 15 Euro! Und Jogginganzüge ab 25 Euro! <u>Nur noch diese Woche (6)!</u>
Gehen sie hin! Greifen Sie zu!
Und jetzt hören Sie wieder unsere Musiksendung …

Nummer 4 ⊙ 1/10

Sie hören eine Ansage auf dem Anrufbeantworter.
Hier ist die Praxis von Dr. Meyer. Leider haben wir in dieser Woche keine Sprechstunde, da Herr Dr. Meyer auf einem Kongress in München ist. Im Notfall wenden Sie sich bitte an Frau Dr. Schiedel. Die Telefonnummer ist: 4227568. In der nächsten Woche ist die Praxis <u>wieder täglich von 9.00 bis 14.00 und montags, dienstags und donnerstags von 16.00 bis 18.00 Uhr geöffnet (7, 8).</u> Für Termine rufen Sie uns bitte während der Sprechzeiten an. Vielen Dank!

Nummer 5 ⊙ 1/11

Sie hören den Wetterbericht im Radio.
Der Wetterbericht …
<u>Heute (9)</u> regnet es in vielen Teilen Deutschlands. Im Süden ist es morgens noch trocken, später regnet es aber auch dort. Der Wind weht nur schwach aus Osten. <u>Morgen scheint fast überall die Sonne (9, 10)</u> und es bleibt trocken. Die Temperaturen steigen am Tag auf 19 Grad und gehen in der Nacht auf 12 Grad zurück. Am Wochenende soll es dann …

Teil 4 ⊙ CD 1/12

Der Moderator der Radiosendung „Im Brennpunkt" diskutiert mit den Eltern Ranja Breuer und Stefan Rapp zum Thema: „Wie sollten Kinder und Jugendliche ihre Freizeit gestalten?"

M: Moderator
B: Frau Breuer
R: Herr Rapp

M: Liebe Hörerinnen und Hörer, hallo und willkommen bei unserer Sendung „Im Brennpunkt"! Das ist heute unser Thema: "Wie sollten Kinder und Jugendliche ihre Freizeit gestalten? Welche Rolle spielen Hobbys?" Dazu haben wir Frau Breuer eingeladen. Sie hat eine zehnjährige Tochter. Unser zweiter Studiogast ist Herr Rapp. Er hat einen zwölfjährigen Sohn und eine vierzehnjährige Tochter. Frau Breuer …?

B: Also, meine Tochter hat ein ziemlich volles Programm. Langeweile kennt sie nicht (Beispiel). Sie geht dreimal in der Woche tanzen. Dann hat sie montags und mittwochs Klavierstunde. Freitags und auch meistens am Wochenende geht sie zum Schwimmtraining …

R: Frau Breuer, ist das nicht ein bisschen viel? Wir sprechen hier von Freizeit. Ein Kind sollte seine freie Zeit doch nicht wie ein Manager verplanen. Es braucht doch auch Zeit, wo es mal gar nichts tun muss. Kinder und Jugendliche wollen doch manchmal einfach faulenzen …, einfach freie Zeit haben … ohne Programm … (23)

M: Was machen Ihre Kinder denn in der Freizeit, Herr Rapp?

R: Sie machen Sport. Sie gehen ins Schwimmbad, wenn sie Lust haben. Rico spielt außerdem Fußball im Verein und Miriam macht Judo. Natürlich treffen sich beide gerne mit ihren Freunden und Freundinnen … Und sie haben noch genug Zeit zum Nichtstun …

M: Experten sagen, dass es sehr wichtig ist, dass Kinder und Jugendliche Hobbys haben (24). Wenn sie in der Freizeit nichts zu tun haben, dann langweilen sie sich und können manchmal sogar kriminell werden. Wie findet man denn heraus, welches Hobby zu einem Kind passt? Wer entscheidet – die Eltern oder das Kind?

R: Man sollte dem Kind keine Hobbys aufzwingen, die einem selbst besonders gefallen. Oft wollen Eltern, dass das Kind ein Hobby hat, das sie selbst schon als Kind gut fanden. Wenn der Vater ein Fußballfan ist, heißt das nicht, dass auch der Sohn ein Fußballspieler sein will.

B: Das sehe ich auch so. Am besten ist es, wenn das Kind alleine herausfindet, welches Hobby zu ihm passt. Es kann zum Beispiel einige Probestunden bei einem Sportverein, einer Musikschule oder Ähnlichem machen. Wer gerne bastelt, findet oft interessante Angebote in der Volkshochschule (25).

M: Nun gibt es ja auch gefährliche Hobbys. Ich denke da zum Beispiel an gefährliche Sportarten (26). Wie sollen sich die Eltern da verhalten, wenn sich ihr Kind so ein Hobby aussucht, das …

B: … also ich würde ein gefährliches Hobby verbieten.

R: Es kommt doch immer darauf an … Wenn mein Kind in der Freizeit etwas machen will, was ich für gefährlich halte, würde ich es nicht gleich verbieten. Skaten kann gefährlich sein, aber wenn die Kinder und Jugendlichen die notwendige Schutzkleidung tragen, dann ist es ein Sport wie jeder andere. Auch beim Fußballspielen, Reiten oder Fahrradfahren, bei fast allen Sportarten kann man sich verletzen.

M: Ich denke, da haben Sie recht. Ganz wichtig ist die Sicherheit. Wenn die Kinder die Regeln für die Sicherheit beachten, dann gibt es eigentlich keinen Grund, ein Hobby zu verbieten. Aber es gibt vielleicht einen anderen Grund für ein Verbot …

B: Ja, das Finanzielle spielt natürlich auch eine Rolle. Wenn ein Hobby zu teuer ist, dann … ja dann geht es manchmal einfach nicht (27). Dann können es die Eltern nicht erlauben. Wenn sie Glück haben, verstehen die Kinder das. Aber das hängt auch vom Alter ab.

M: Zum Schluss noch eine Frage: Wir haben noch nicht über den Computer und andere neue Medien gesprochen. Sehen Ihre Kinder fern? Beschäftigen sie sich mit dem Computer?

R: Natürlich sehen meine Kinder auch fern und natürlich haben sie auch einen Computer. Heute beschäftigen sich fast alle Kinder und Jugendlichen in ihrer Freizeit mit dem Computer. Das halte ich auch für wichtig und sinnvoll … (28) Also unsere Kinder hatten … ich glaube, es war mit acht … ihren eigenen Computer.

B: Computer und Fernseher haben meiner Meinung nach im Kinderzimmer nichts zu suchen (29). Ich kann die Eltern nicht verstehen, die stolz erzählen, dass sogar ihre vier- und fünfjährigen Kinder schon den Computer oder das IPad „bedienen" können.

R: Aber es gibt doch pädagogisch gute Computerspiele, wo kleine Kinder zum Beispiel Farben oder Tiernamen lernen … warum nicht?

B: Meine Tochter hat kein Nintendo, keine Playstation und keinen IPod. Es kann doch nicht gesund sein, wenn Kinder und Jugendliche ihre ganze Freizeit mit Computerspielen oder Kindersendungen im Fernsehen verbringen.

R: Da haben Sie natürlich recht. Die gesamte Freizeit sollten unsere Kinder nicht mit Computerspielen oder Fernsehen verbringen. Ein Zuviel ist nie gut. Auch zu viel Sport, zum Beispiel, oder zu viel Lesen kann der Gesundheit auch schaden (30).

M: Das heißt, wir müssen das richtige Maß finden …

R: Ja, das denke ich.

B: Da haben Sie wahrscheinlich recht.

M: Ich würde gerne noch weiter mit Ihnen diskutieren, aber leider ist unsere Sendezeit zu Ende. Frau Breuer, Herr Rapp, ich bedanke mich, dass Sie zu uns ins Studio gekommen sind und uns Ihre Meinung zum Thema gesagt haben. Liebe Hörerinnen und Hörer, ich wünsche Ihnen noch einen schönen Abend und bis nächste Woche beim „Brennpunkt" …

② Lernen und Ausbildung

Teil 1

Beispiel: ⊙ 1/13

Sie hören eine Ansage auf dem Anrufbeantworter.
Sie sind mit dem Reisebüro Fischer verbunden. Für Informationen über Deutschlandreisen wählen Sie bitte die Eins. Für Reisen innerhalb Europas wählen Sie bitte die Zwei. Wenn Sie sich für Reiseangebote in die USA interessieren, wählen Sie bitte die Drei. Für unsere Asien-Spezialisten (01) wählen Sie bitte die Vier (02) Unsere freundlichen Mitarbeiterinnen und Mitarbeiter beraten Sie gern! Sie können uns natürlich auch in unserem Reisebüro in der Sonnenstraße besuchen.

Nummer 1 ⊙ 1/14

Sie hören den Wetterbericht im Radio.
… und nun der Wetterbericht.
Heute scheint in ganz Deutschland die Sonne. Nur zeitweise ist es leicht bewölkt. Am Samstag nimmt die Bewölkung zu und es kommt gegen Mittag zu starken Regenschauern. Auch am Samstagnachmittag regnet es. Am Sonntag ist es morgens noch trocken, gegen Mittag gibt es wieder viele Wolken und immer wieder Regen (1, 2). Erst am Montag soll das Wetter sich bessern …

Nummer 2 (○) 1/15

Sie hören eine Durchsage in der U-Bahn.
Liebe Fahrgäste! Wir möchten Sie darauf hinweisen, dass der U-Bahnhof Alte Oper wegen einer Demonstration im Zentrum für etwa zwei Stunden geschlossen bleibt. In dieser Zeit halten die Züge auf diesem Bahnhof nicht an (4). Sie können eine Station davor oder danach aussteigen. Wir danken Ihnen für Ihr Verständnis!

Nummer 3 (○) 1/16

Sie hören eine Ansage im Radio.
… und hier sind wir wieder mit unseren Wochenend-Tipps: … Machen Sie mit Ihrer Familie oder Freunden einen Spaziergang im Zoo! Ein Erlebnis für Groß und Klein. Der Zoo ist von 9.00 Uhr bis 19.00 Uhr geöffnet, in den Wintermonaten von 9.00 Uhr bis 17.00 Uhr (5). Eintrittspreise für Erwachsene 13,- Euro und Kinder zwischen 5 und 15 Jahren bezahlen 6,50 Euro (6). Studenten und Schüler …

Nummer 4 (○) 1/17

Sie hören eine Durchsage im Gymnastik-Studio.
Leider findet der Yoga-Kurs um 19.00 Uhr heute nicht statt. Die Teilnehmerinnen und Teilnehmer der Yoga-Gruppe können aber in den Pilates-Kurs gehen (8). Er beginnt um 19.30 Uhr im Studio 2 mit unserer Fitness-Trainerin Gabi. Vielen Dank!

Nummer 5 (○) 1/18

Sie hören eine Ansage auf dem Anrufbeantworter.
Sie sind mit der Sprachenschule „Extralingua" verbunden. Ab dem nächsten Semester finden die Sprachkurse in unserem neuen Haus in der Goethe-Straße 12 im Zentrum statt (9). Dort bieten wir weiterhin Deutsch- und Englischkurse für Anfänger und Fortgeschrittene an. Neu im Programm sind Französisch- und Italienisch-Kurse für Anfänger (10). Wenn Sie sich noch in dieser Woche anmelden, bezahlen Sie weniger Kursgebühren.

Teil 4 (○) 1/19

Der Moderator der Radiosendung „Aktuell" diskutiert mit Leonie und Herrn Weber zum Thema „Mädchenschulen".

M: Moderator
W: Herr Weber
L: Leonie

M: Liebe Hörerinnen und Hörer, hallo und willkommen bei unserer Sendung „Aktuell". Das ist heute unser Thema: „Soll man Jungen und Mädchen in der Schule trennen?"
Dazu haben wir Leonie eingeladen. Sie war auf einer gemischten Schule und besucht jetzt eine Mädchenschule. Unser zweiter Studiogast ist Herr Weber. Er ist Lehrer an einem Gymnasium. Herr Weber, früher gab es ja fast nur Mädchenschulen und Jungenschulen (Beispiel). Nach der Einführung der gemischten Schulen in den 50er Jahren fand man diese Schulen dann altmodisch. Heute diskutiert man wieder darüber, ob es vielleicht besser ist, wenn Jungen und Mädchen getrennt unterrichtet werden.

W: Ob eine Mädchenschule die bessere Wahl ist oder eine gemischte Schule, … das ist eine alte Diskussion. Und es gibt viele verschiedene Meinungen zu diesem Thema. Untersuchungen haben aber gezeigt, dass Mädchen in Mathematik und naturwissenschaftlichen Fächern mehr Interesse zeigen oder auch bessere Noten haben, wenn sie diesen Unterricht nicht mit den Jungen zusammen haben (23).

M: Leonie, du bist jetzt in der 12. Klasse eines Mädchengymnasiums. Wie sind deine Erfahrungen?

L: Also, zuerst möchte ich mal sagen, dass viele glauben, dass eine Mädchenschule total altmodisch und langweilig ist. Sie meinen, dass die Mädchen in einer Schule ohne Jungen keinen Spaß haben können. <u>Das stimmt aber nicht. Bei uns gibt es nicht weniger Spaß als auf einer gemischten Schule (24).</u>

M: Nun hast du ja auch vorher ein gemischtes Gymnasium besucht. Was ist jetzt anders?

L: Na ja, an unserer Schule beschäftigen sich sehr viele Mädchen mit Physik und Chemie, also mit Fächern, von denen man sagt, dass sie bei Mädchen eigentlich nicht so beliebt sind. Ich glaube, das liegt daran, <u>dass man als Mädchen in gemischten Klassen oft von den Jungen wegen einer falschen Antwort oder einer dummen Frage ausgelacht wird (25)</u> und dann das Gefühl hat: Das kann ich nicht, ich bin zu „doof" für Mathe oder Physik. Das ist hier an meiner Schule ganz anders.

M: Nun gibt es ja heute in Deutschland nicht mehr so viele Mädchenschulen wie früher. Das bedeutet, dass die meisten Schülerinnen gar nicht die Möglichkeit haben, zu wählen …

W: Das wird sich auch nicht ändern. Aber man ist sich einig darüber, dass es sinnvoll ist, Schülerinnen und Schüler in gemischten Schulen zeitweise zu trennen. <u>So gibt es auch immer mehr Schulen, wo Jungen und Mädchen nur bestimmte Fächer nicht zusammen haben, zum Beispiel Chemie, Physik, Informatik oder Sport (26).</u>

M: Wir haben bisher nur darüber gesprochen, was für die Mädchen gut ist. Gibt es denn auch ein Fach oder Fächer, wo die Jungen im Nachteil sind?

L: Ich glaube in Deutsch. Also, als ich noch auf der gemischten Schule war und wir zum Beispiel einen Text gelesen haben, in dem es um Gefühle ging, <u>da hatten wir Mädchen gar keine Probleme, darüber zu sprechen … auch über unsere eigenen Gefühle. Die Jungen waren albern, sie haben gelacht und wollten nicht viel sagen (27).</u>

W: Ja, dass sich Mädchen und Jungen im Deutschunterricht unterschiedlich verhalten, das habe ich auch schon festgestellt. <u>Die Jungen, die im gemeinsamen Unterricht passiv sind, zeigen viel mehr Interesse an der Literatur, wenn keine Mädchen dabei sind (28).</u> Sie können sich auch eher mit den Personen in den Texten identifizieren, wenn sie unter sich sind.

M: Bedeutet das, dass sich grundsätzlich etwas in unseren Schulen ändern muss, damit alle, Mädchen und Jungen, die gleichen Chancen haben?

W: Nun, die Experten diskutieren über verschiedene Möglichkeiten. Es gibt viele Theorien …

M: … und auch Untersuchungen, die zeigen, dass es die <u>Jungen heute in der Schule immer schwerer haben, dass sie oft schlechtere Noten haben als die Mädchen (29)</u> und auch später schlechtere Studenten sind. Ich habe gelesen, dass 60 Prozent der Abiturienten Mädchen sind. Und 80 Prozent der Schüler, die ein Schuljahr wiederholen müssen, sind Jungen.

W: Das ist leider so. Ich habe auch ähnliche Berichte gelesen.

M: Einige Experten kommen ja zu dem Ergebnis, dass es zum Teil daran liegt, dass die Jungen vom Kindergarten bis zum Gymnasium nur von Frauen unterrichtet werden. <u>Es ist natürlich eine Tatsache, dass es in deutschen Kindergärten und Schulen mehr Erzieherinnen und Lehrerinnen gibt und die Männer in der Minderzahl sind (30)</u>, aber ob das nun der Grund ist …
Zu diesem Thema gibt es bestimmt noch viel zu sagen. Aber leider ist unsere Sendezeit jetzt zu Ende. Ich danke Ihnen beiden, dass Sie zu uns ins Studio gekommen sind … Liebe Hörerinnen und Hörer, ich wünsche Ihnen noch einen schönen Nachmittag.

③ Tägliches Leben

Teil 1

Beispiel: ◯ 1/20

Sie hören eine Durchsage im Autoradio.

… und nun noch ein Hinweis der Polizei.
<u>Wegen eines Unfalls (02)</u> gibt es auf der Stadtautobahn in Richtung Wilmersdorfer Straße einen
4 Kilometer langen Stau. Die Polizei bittet die Autofahrer, die Parallelstraße zu benutzen. Weitere
Verkehrsmeldungen erfolgen im Laufe des Vormittags …

Nummer 1 ◯ 1/21

Sie hören eine Nachricht auf Ihrem Handy.

Hallo Sven, hier ist Jan. Wir wollten doch am Wochenende ins Kino gehen. <u>Ich habe mal im Internet
nachgeschaut, welche Filme es gibt (1).</u> „Das Leben von Pi" gibt es erst am Dienstag. <u>Aber den
„Lincoln" spielen sie am Samstag um 21.00 Uhr im „Diana". Wollen wir da hingehen (2)?</u> Schick mir
bitte eine SMS.

Nummer 2 ◯ 1/22

Sie hören eine Durchsage im Tierpark.

Liebe Besucher unseres Tierparks, <u>wir suchen die kleine Juliane. Sie ist vier Jahre alt (4)</u> hat kurze
blonde Haare und trägt blaue Jeans und einen roten Pullover. Wenn Sie das Mädchen sehen, rufen Sie
bitte unter der Nummer 3344570 an oder kommen Sie zur Kasse am Haupteingang.

Nummer 3 ◯ 1/23

Sie hören eine Ansage im Radio.

… und hier noch eine Information für alle, die heute ins Schwimmbad „Zentrum" wollen: <u>Das
Kinderschwimmbecken wird heute schon um 15.00 Uhr geschlossen (6).</u> In allen anderen Abteilungen
ist das Bad auch heute wie jeden Mittwoch bis um 22.00 Uhr geöffnet. Und weiter geht's mit Musik …

Nummer 4 ◯ 1/24

Sie hören eine Durchsage im Kaufhaus.

Verehrte Kundinnen und Kunden! Besuchen Sie unsere Bücherabteilung in der dritten Etage! <u>Nur
heute erhalten Sie bei uns alle Kinderbücher und Kochbücher 20% billiger (7, 8)!</u> Ab Montag gibt es
drei Krimis für 10 Euro. Greifen Sie zu!

Nummer 5 ◯ 1/25

Sie hören eine Nachricht auf dem Anrufbeantworter.

Guten Tag, Frau Hagen, hier ist Juliane Schmitz von der Familienberatung. Sie haben morgen
Nachmittag einen Termin bei mir. Leider kann ich morgen nicht ins Büro kommen. Haben Sie auch am
Freitag Zeit? <u>Rufen Sie mich doch bitte heute noch an, damit wir einen neuen Termin machen können.
Danke (9, 10)!</u>

Teil 3 ⊙ 1/26

Sie sind im Bus und hören, wie sich zwei Jugendliche unterhalten.

M: Miriam
P: Patrick

M: Hallo, Patrick!

P: Hallo, Miriam, wie geht's?

M: Es geht so …

P: arst du nicht am Wochenende mit deinen Eltern in Hamburg? War 's toll?

M: Toll? Du willst dich wohl über mich lustig machen! Mit den Eltern 'ne Wochenendfahrt zu Verwandten zu machen ist nun wirklich nicht cool.

P: Da hast du Recht …

M: Also, die Autofahrt war ja schon stressig. Zuerst ist mein Vater falsch gefahren. Dann haben wir auf der Autobahn mehrere Kilometer im Stau gestanden … und die ganze Zeit haben meine Eltern diese total langweilige Musik gehört … (17)

P: Du hast doch einen MP3-Player. Konntest du nicht deine eigene Musik hören?

M: Doch, aber nur zwei Stunden, weil ich vergessen hatte, neue Batterien mitzunehmen …

P: Warum seid ihr eigentlich nach Hamburg gefahren?

M: Das war so eine Idee von meiner Mutter. Sie war der Meinung, dass wir schon lange nicht mehr Onkel Bernd und Tante Rosi besucht haben. Und weil die fürs Wochenende eine Gartenparty geplant haben und das Wetter gut war … ja, da wollte sie unbedingt hinfahren. Mein Vater fand die Idee auch gut. Mich hat natürlich keiner gefragt …

P: Konntest du nicht zu Hause bleiben?

M: Ich wollte ja alleine zu Hause bleiben (19), aber das haben mir meine Eltern nicht erlaubt. Mein Vater meint, ich bin zu jung … Dabei bin ich doch schon 15. Da kann man doch schon mal ein Wochenende allein zu Hause bleiben …

P: Eigentlich schon … Und wie war die Gartenparty?

M: Es gab jede Menge Essen! Das Essen war eigentlich das Beste. Meine Tante kann super kochen und backen und macht einen tollen Kartoffelsalat. Ich habe sooo viel gegessen … und der Kuchen … Klasse (20)!

P: Und was hast du sonst noch gemacht?

M: Nichts Besonderes. Es waren hauptsächlich Erwachsene da … Onkel und Tanten. Die meisten Cousinen und Cousins sind älter als ich und sind nicht mit ihren Eltern mitgekommen. Aber Katja, die Tochter von Tante Rosi, ist ganz nett. Sie ist auch 15. Wir beide waren die einzigen jungen Leute auf der Party.

P: Oh je! Und wo habt ihr übernachtet?

M: Im Haus von meiner Tante und meinem Onkel. Das Haus ist ziemlich groß. Meine Eltern haben im Gästezimmer geschlafen und ich im Zimmer von meiner Cousine (22). Die anderen sind nach Hause gefahren, weil sie in der Nähe wohnen. Nur wir wohnen in einer anderen Stadt.

P: Du, Miriam, ich muss jetzt aussteigen. Ruf mich doch später noch mal an, ja?

M: Alles klar, bis später!

Mode und Einkaufen

Teil 2  1/27

Sie nehmen an einer Führung im Schloss Ludwigsburg teil.

Ich freue mich, dass Sie uns heute hier im Schloss Ludwigsburg besuchen. Mein Name ist Stefan Pfeifer und ich möchte Ihnen zuerst einige Informationen über das Schloss geben. Das Schloss Ludwigsburg hat 2004 seinen dreihundertsten Geburtstag gefeiert (11). Es ist eine der wichtigsten Sehenswürdigkeiten in Baden-Württemberg und das Wahrzeichen der Stadt Ludwigsburg.
Es besteht aus 18 verschiedenen Gebäuden und hat über 400 Räume. Wir machen heute einen Rundgang durch das Schlossmuseum (12).
Ich werde Ihnen Informationen zur Geschichte des Schlosses geben und zu den Personen, die hier gelebt haben.
Natürlich erfahren Sie auch einiges über das tägliche Leben der früheren Schlossbewohner.
Schauen Sie sich alles in Ruhe an, und wenn Sie Fragen haben, werde ich sie gern beantworten. Die Schlossführung dauert etwa 90 Minuten.
Danach können Sie, wenn Sie möchten, noch andere Museen hier im Schloss besuchen. Zum Beispiel das Keramikmuseum. Wenn Sie sich mehr für Mode interessieren als für Porzellan, dann empfehle ich Ihnen das Modemuseum. Dort können Sie die Kleidermoden vom 18. bis zum 20. Jahrhundert sehen. Oder die Barockgalerie (13) mit Bildern von deutschen und italienischen Malern.
Sie sollten aber bei diesem fantastischen Wetter auch unbedingt in den wunderschönen Schlossgarten gehen … (14) oder in den Märchengarten. Im Märchengarten sind über 40 Märchenszenen dargestellt. Es ist eine fantastische Zauberwelt, die nicht nur für Kinder interessant ist. Allerdings brauchen Sie dafür viel Zeit.
Und bevor wir jetzt mit unserer Führung beginnen, noch ein Tipp für alle, die Kinder haben. Besuchen Sie unsere Stadt einmal am Wochenende oder in den Schulferien. Da ist unser „Kinderreich" für Familien mit Kindern geöffnet. Im „Kinderreich" dürfen Kinder ab vier Jahren vieles tun, was sie normalerweise in einem Museum nicht dürfen. Sie dürfen zum Beispiel alles anfassen und mit historischen Spielsachen spielen (15). Sie dürfen sich ins Bett des Königs legen oder Kleider aus der Zeit vor 300 Jahren anziehen. Informationen dazu finden Sie auch im Internet …
So, aber jetzt wollen wir endlich mit unserem Rundgang durch das Schlossmuseum beginnen. Bitte folgen Sie mir hier entlang …

Teil 3  1/28

Sie sind im Café und hören, wie sich zwei Schülerinnen unterhalten.

P: Paula
E: Evi

P: Hallo Evi!

E: Hallo Paula! Komm, wir setzen uns an diesen Tisch. Wie war dein Wochenende?

P: Also, am Samstag, da war ich in dem neuen Einkaufszentrum. Du weißt doch, dieses ABC-Center am Stadtrand …

E: Ja, davon hab ich gehört. Warst du allein?

P: Natürlich nicht! Allein ist doch langweilig! Du hattest ja keine Zeit. Also habe ich Aylin gefragt.

E: Ach so, deine Cousine … (16)

P: Ja, aber nächstes Mal musst du mitkommen. Ich geh' da bestimmt bald wieder hin.

E: Klar, das nächste Mal komme ich mit! Und wie fährt man da hin? Ist doch ein bisschen weit, oder?

P: Nein, gar nicht. <u>Wir haben den Bus A20 genommen.</u> Die Haltestelle ist hier gleich an der Ecke Bahnhofstraße und Hechtstraße. Von da fährt der direkt bis zum Einkaufszentrum. <u>Man muss gar nicht umsteigen und es dauert nur 15 Minuten (18).</u>

E: Gut! Aber nun erzähl mal …

P: Also, es war ja der Eröffnungstag. Du kannst dir nicht vorstellen, was da los war …

E: Na ja, wenn's der erste Tag war, dann waren sicherlich 'ne Menge Leute da…

P: Massen, sag ich dir … <u>Als wir ankamen, so gegen neun, da haben bestimmt schon einige hundert Leute vor dem Eingang gewartet (19).</u> Die Mitarbeiter haben gelbe Luftballons und Bonbons verschenkt. Aber ich glaube, da haben nur die ersten Kunden was bekommen. Als wir endlich am Eingang waren, gab's keine Geschenke mehr.

E: Wie lange musstet ihr denn draußen warten?

P: Ich weiß nicht so genau, aber es war 'ne ganze Weile. Also mehr als eine halbe Stunde. Die Leute haben ja versucht, alle gleichzeitig in das Einkaufszentrum zu kommen.

E: Habt ihr auch was gekauft?

P: Ja, aber nicht viel … Aylin hat sich für 5 Euro ein T-Shirt gekauft und ein buntes Tuch.

E: Und du?

P: Ich habe mir ein Paar Chucks gekauft. Die haben nur 9 Euro gekostet. Und dann noch eine kleine Tasche. Wir konnten nicht in viele Geschäfte gehen. Da waren überall so viele Leute … <u>Deshalb haben wir uns dann in ein Café gesetzt und haben Kuchen gegessen und Kaffee getrunken. Gab's an diesem Tag auch billiger … nur 2 Euro für eine Tasse Kaffee und ein Stück Kuchen (22).</u>

E: Super! Oh, es ist schon so spät. Ich muss gehen. Ruf mich an. Vielleicht können wir ja nächsten Samstag zusammen bummeln gehen.

P: Alles klar! Tschüss!

Feste und Feiern

Teil 2  1/29

Sie nehmen an einer Führung im Kölner Karnevalsmuseum teil.

Guten Tag, mein Name ist Melanie Reinhard und ich begrüße Sie ganz herzlich im Kölner Karnevalsmuseum.

Ja, Karneval … das kennt ja eigentlich jeder, auch wenn man selbst nicht feiert. <u>Fast jede Gegend in Deutschland hat ihre eigene Tradition (11)</u>. Man nennt dieses Fest bei uns auch Fasching, Fastnacht oder Fasenacht … zum Beispiel in Süddeutschland, aber auch in Österreich und in der Schweiz. Bevor ich Sie nun durch das Museum führe, möchte ich Ihnen kurz einige Informationen zum Karneval in Deutschland geben. Er beginnt, wie Sie vielleicht schon wissen, am 11.11. um 11.11 Uhr. Mit dem richtigen Feiern fängt man aber erst im Januar an. Am bekanntesten sind aber die Karnevalsstädte Köln, Düsseldorf und Mainz.

48 Tage vor Ostern ist der Rosenmontag. <u>Und der Höhepunkt in der Karnevalszeit ist der Rosenmontagszug. Hier in Köln ziehen am Rosenmontag mehrere Stunden lang Menschen mit Kostümen, viele Musikkapellen und bunt geschmückte Wagen durch die Straßen und die verkleideten Karnevalisten auf den Wagen</u> werfen <u>Süßigkeiten, und kleine Geschenke ins Publikum (12)</u>. Jedes Jahr kommen über 1 Million Zuschauer.

Ein offizieller Feiertag ist der Rosenmontag allerdings nicht. Aber die meisten Geschäfte sind geschlossen.

Zwei Tage später, am so genannten „Aschermittwoch" ist dann der Karneval vorbei.

Nun … <u>in unserem Museum</u> ist der Karneval nicht vorbei. Unser Rundgang durch das Museum dauert etwa 90 Minuten. Schauen Sie sich in Ruhe alles an … <u>Sie werden </u>viele historische und aktuelle Kostüme sehen und<u> sogar typische Karnevalslieder hören … (13)</u> und Sie werden viel über die Geschichte des Karnevals erfahren.

Wenn Sie das Kombi-Paket gebucht haben, dann folgt danach noch eine <u>Besichtigung der Wagenhallen.</u> Das ist der Ort, wo die Festwagen für den Rosenmontagszug vorbereitet und geschmückt werden. <u>Dazu treffen wir uns nach Ende der Museumsführung im Foyer (14).</u> Ich möchte Sie darauf hinweisen, dass diese Führung nur für Erwachsene ist, und dass man diese Halle nicht ohne Führung besuchen darf.

Wenn sie noch mehr über den Kölner Karneval und über die traditionellen kölschen Karnevalslieder erfahren wollen, dann empfehle ich Ihnen, <u>an einer</u> besonderen <u>Stadtführung</u> mit unseren Karnevalsspezialisten <u>teilzunehmen. Die Führung findet jeden Tag ab 14.30 Uhr</u> <u>statt und dauert etwa 2 Stunden (15).</u> Es müssen aber mindestens 10 Teilnehmer sein. Die Teilnahme an der Führung kostet pro Person 16 Euro. So, und jetzt geht ´s los. Das Karnevalsmuseum wurde 2005 eröffnet und …

Teil 4  1/30

Der Moderator der Radiosendung „Mittagsmagazin" spricht mit Frau Fischer und Herrn Reisig über das Thema „Feste und Geschenke".

M: Moderator
R: Herr Reisig
F: Frau Fischer

M: Liebe Hörerinnen und Hörer, hallo und willkommen in unserem Mittagsmagazin. Wir wollen heute über Feste und Geschenke sprechen. Dazu haben wir Frau Fischer und Herrn Reisig in unser Studio eingeladen. Feste bedeuten ja für die meisten Leute jede Menge Stress. Warum ist das so?

R: Na ja, wenn man ein Fest feiert, dann gehört dazu jede Menge Vorbereitung. Zum Beispiel eine Hochzeit … Ich habe vor einem Monat geheiratet, und ich kann Ihnen sagen … bis zur Hochzeit hatten wir <u>Superstress. Wir mussten so viel organisieren und vorbereiten … Ich glaube, man hat den Stress, weil man alles perfekt machen will. Man will alles richtig machen und allen Leuten soll es gefallen … (Beispiel)</u>

M: Nun heiratet man zum Glück ja nicht so oft …, aber es gibt ja auch Feste, die man jedes Jahr feiert … Geburtstag, Ostern, Weihnachten …

F: <u>Ja, also für mich ist Weihnachten jedes Jahr ein Stressfest … immer wieder muss man neue Ideen für Geschenke haben (24).</u> Was schenk´ ich der Mama, dem Papa, den Geschwistern, der Oma, dem Opa … am einfachsten ist es noch, Geschenke für die Kinder zu finden.

M: <u>Nach einer Studie geben die Deutschen zu, Weihnachten am meisten Geld für Geschenke aus: etwa 300 Euro pro Haushalt (25).</u> Zu Ostern sind es etwa 30 Euro und zu Geburtstagen ist es sehr unterschiedlich. Wie ist es bei Ihnen, Herr Reisig?

R: Ja, ich glaube, das ist auch bei uns so. Zum Geburtstag kauft man ja nur für eine Person ein Geschenk, aber zu Weihnachten muss man vielen etwas schenken. <u>Wir haben mal in der Familie vorgeschlagen, dass man den Erwachsenen nichts schenkt, dass nur die Kinder Geschenke bekommen (26).</u> Das war eine gute Idee, aber es hat nicht funktioniert.

M: <u>Leider werden heute ja besonders die Kinder mit Geschenken überhäuft (27).</u> Nicht nur die Eltern, auch Großeltern, Tanten und Nachbarn möchten den Kleinen gerne eine Freude machen. Dann sitzen die Kinder oft vor einem Berg von Spielzeug und wissen gar nicht, womit sie zuerst spielen sollen. Besonders die kleinen Kinder sind gar nicht glücklich, wenn sie so viele Geschenke bekommen.

F: Ja, das kann ich nur bestätigen. Wir haben eine dreijährige Tochter und einen sechsjährigen Sohn … Und zu jedem Weihnachtsfest haben wir dieses Problem …

R: Ich denke, da spielt ja auch die Werbung eine Rolle. Ich hab´ zwar selbst keine Kinder, aber wenn ich sehe, was so vor Weihnachten und auch vor Ostern im Fernsehen oder in den Geschäften so läuft … Werbung für Kinderspielzeug ist da bestimmt auf Platz 1. Die Kinder wollen das alles haben und die Erwachsenen kaufen …

F: Ja, und wissen Sie, was mich besonders ärgert? <u>Weihnachten fängt ja in den Geschäften schon im Oktober an … Weihnachtskekse, Weihnachtsschmuck, Weihnachtsgeschenke, Weihnachtswerbung … alles schon im Oktober (28)!</u> Und zwei Monate nach Weihnachten stehen schon die ersten Schokoladenosterhasen im Supermarkt …

M: Ist Weihnachten nicht trotz allem ein schönes Familienfest?

R: Na, ich weiß nicht … ich finde dieses Fest sehr anstrengend. <u>Bei uns ist es Tradition, dass wir uns zu Weihnachten alle bei meinen Eltern zum Essen versammeln … die ganze Verwandtschaft! Das ist so langweilig! Jedes Jahr erzählen die Leute dieselben Geschichten … und dann sind auch einige dabei, die ich gar nicht mag (29).</u> Und trotzdem muss ich mehrere Stunden mit ihnen zusammen am Tisch sitzen.

F: Zu uns kommen die Omas und Opas am Heiligabend. Das finde ich auch in Ordnung. <u>Aber dann müssen wir am 1.Weihnachtsfeiertag zu meinen Eltern zum Kaffeetrinken gehen und am 2. Weihnachtsfeiertag zu den Eltern von meinem Mann. Das sind zu viele Besuche, besonders für die Kinder (30).</u>

M: Frau Fischer, Herr Reisig, ich bedanke mich, dass Sie sich die Zeit genommen haben, zu uns ins Studio zu kommen. Liebe Hörerinnen und Hörer, ich wünsche Ihnen einen schönen Nachmittag und bis nächste Woche bei unserem „Mittagsmagazin"…

 Beziehungen

Teil 1

Beispiel: 1/31

Sie hören eine Ansage im Radio.
Der Sommer steht vor der Tür: Das heißt, schicke Badesachen, leichte Sommerkleidung. Das sind die überflüssigen Kilo nicht mehr leicht zu verstecken. Die können Sie jetzt leicht loswerden. Wir machen Ihnen das Abnehmen leicht im Fitness-Studio Hermes. <u>Wir bieten ein einwöchiges Fitness-Intensivprogramm ganz umsonst (01, 02).</u> Jede weitere Woche bekommen Sie zum halben Preis. Kommen Sie einfach mal bei uns vorbei und lassen Sie sich kostenlos beraten. Unser Team steht Ihnen jederzeit zur Verfügung.

Nummer 1 1/32

Sie hören eine Durchsage im Supermarkt.
Der Fahrer des blauen PKW mit der amtlichen Zulassungsnummer B-KR 3659 – ich wiederhole B-KR 3659 – wird dringend gebeten, zu seinem Fahrzeug zu kommen. <u>Das Auto steht im Parkverbot (2).</u> Außerdem möchten wir Sie bitten, die Einkaufswagen im Parkhaus nicht auf die Parkplätze zu stellen.

Nummer 2 1/33

Sie hören eine Nachricht auf dem Anrufbeantworter.
Hallo Ines, hier ist Anna. Du, ich mache heute einen Einkaufsbummel. Ich habe im Internet gesehen, dass es im Einkaufscenter in der Südstadt ganz tolle Jeans gibt … zum halben Preis! Und der Pullover, der dir so gut gefallen hat, als wir letztes Mal da waren, du weißt schon, der 55 Euro gekostet hat – den gibt es jetzt für nur 30 Euro. <u>Ruf mich bitte an und sag mir, ob du mitkommst. Tschüss (4).</u>

Nummer 3 1/34

Sie hören eine Durchsage im Freizeitpark „Sonne".
<u>Liebe Gäste, wir freuen uns, dass Sie zu uns in den Freizeitpark gekommen sind (5).</u> Wir möchten Sie darauf hinweisen, <u>dass Skateboardfahren und Rollschuhlaufen wegen der Unfallgefahr nur auf den Skateranlagen und den Rollschuhbahnen erlaubt ist (6).</u> Auch das Grillen ist nur auf den Grillplätzen erlaubt. Wir wünschen Ihnen viel Spaß.

Nummer 4 1/35

Sie hören eine Nachricht auf dem Anrufbeantworter.
Hallo, Herr Bauer, hier ist Markus Scholz vom Fußballklub „Viktoria". Ihre Kinder sind jetzt in einer anderen Gruppe und haben <u>nicht mehr montags und freitags von 16.00 bis 18.00 Uhr Training (7).</u> <u>Das Training ist jetzt an denselben Tagen von 18.00 bis 20.00 Uhr (8).</u> Ein neues Gesundheitszeugnis brauchen sie nicht. Danke.

Nummer 5 1/36

Sie hören den Wetterbericht im Radio.
Der Wetterbericht … <u>Am Donnerstag</u> ist es in vielen Teilen Deutschlands stark bewölkt. Der Tag beginnt trocken, später regnet es fast überall. Der Wind weht im Süden schwach bis frisch, in den Bergen und an der Küste stark bis stürmisch. <u>Am Freitag (9)</u> ist es in fast allen Teilen Deutschlands sehr wolkig, aber es regnet nicht. Der Wind weht schwach aus westlichen Richtungen. An der Küste und <u>in den Bergen ist es aber wieder sehr stürmisch (10).</u> Und nun noch die Vorhersage für …

Teil 4 ◯ 1/37

Die Moderatorin der Radiosendung „Aktuell" spricht mit Frau Dr. Reinhold und Herrn Bock über das Thema „Fernbeziehungen".

M: Moderator
R: Frau Dr. Reinhold
B: Herr Bock

M: Liebe Hörerinnen und Hörer, ich begrüße Sie zu unserer Sendung „Aktuell". Wir wollen heute über Fernbeziehungen sprechen. Dazu haben wir Frau Dr. Reinhold und Herrn Bock in unser Studio eingeladen.
Vor einigen Jahrzehnten kannte man den Begriff „Fernbeziehung" ja gar nicht (Beispiel). Man lernte seinen Partner oder seine Partnerin meistens in der Nachbarschaft kennen. Dann hat man geheiratet und war in der Regel für den Rest des Lebens zusammen. Heute sind Beziehungen, bei denen die beiden Partner in verschiedenen Städten leben, keine Seltenheit mehr. Eine Studie zeigt, dass über 13% der Paare getrennt voneinander leben und sich zum Beispiel nur an Wochenenden oder sogar noch seltener sehen (23).

R: Ich glaube, die Zahl liegt sogar noch höher, wenn wir noch die Paare hinzuzählen, die zwar keine getrennten Wohnungen haben, aber wo ein Partner berufsbedingt nicht immer zu Hause lebt. Das sind ja heute nicht nur Seeleute und Fernfahrer, sondern auch zum Beispiel Piloten, Journalisten, Freiberufler … fast 50% sind Akademiker (24).

M: Herr Bock, Sie haben jahrelang eine Wochenendbeziehung geführt … Wie sind Ihre Erfahrungen?

B: Ja, meine jetzige Frau und ich hatten acht Jahre eine Wochenendbeziehung. Das hat während der Studienzeit angefangen. Wir haben in verschiedenen Städten studiert und nach unserem Examen in verschiedenen Städten Arbeit gefunden.
Es war nicht einfach, und sehr oft standen wir kurz vor der Trennung. Ein großes Problem war, dass wir beide immer ganz viele Pläne für das Wochenende hatten … und wir hatten nicht immer dieselben Pläne. Dann gab es Streit und … na ja, wir hatten einfach immer zu wenig Zeit füreinander (25).

R: Und es kommt ja dazu, dass man für jedes Treffen auf Reisen gehen muss. Das bringt noch zusätzliche Belastungen.

B: Ganz bestimmt … Viele können sich gar nicht vorstellen, wie anstrengend es ist, immer wieder an Wochenenden mehrere Stunden im vollen Zug zu verbringen, müde und hungrig beim Partner oder bei der Partnerin anzukommen … eigentlich sollte man ja gute Laune haben … Na ja, und eine Fernbeziehung ist auch nicht gerade billig. Als wir studiert haben, konnten wir uns nicht jedes Wochenende sehen … das konnten wir gar nicht bezahlen (26). Und auch die vielen langen Telefongespräche waren teuer. Heute ist das ja etwas einfacher. Man kann SMS schicken und man kann skypen … das Telefonieren ist auch viel billiger …

M: Ja, die Kommunikation ist heute bestimmt viel einfacher, die oft mehrstündigen Auto-, Bahn- oder Flugreisen sind allerdings immer noch anstrengend …
Nach einer Statistik dauern Fernbeziehungen etwa zwei bis fünf Jahre (27). Dann ziehen die Partner entweder zusammen oder sie trennen sich. Herr Bock, Sie sind nach acht Jahren zusammengezogen.

B: Zum Glück hat es geklappt. Aber es war am Anfang nicht ganz leicht, auf einmal jeden Tag zusammen zu sein (28).
Wir hatten uns daran gewöhnt, dass jeder seinen Alltag alleine bewältigt und sein eigenes Programm, seinen eigenen Rhythmus hat. Und plötzlich mussten wir vieles gemeinsam planen … ja, und dann bekamen wir auch ein Kind. Unser Leben war dadurch völlig verändert … Aber es hat nach einigen Anfangsschwierigkeiten funktioniert.

R: Herr Bock, Sie haben da einen wichtigen Punkt angesprochen. Bei Ihnen ist es gut gegangen, aber in vielen Fällen ist die Beziehung zu Ende, wenn die Partner zusammenziehen (29). Da träumen die Paare jahrelang von einem gemeinsamen Leben und wenn es dann Realität ist, klappt es nicht. Der Alltag zu zweit kann anstrengend werden. Man hat unterschiedliche Gewohnheiten, man erlebt die schlechte Laune des Partners, jeder bringt vielleicht seinen Stress von der Arbeit mit nach Hause usw. … Wenn man sich nur am Wochenende oder noch seltener besucht, dann spielt dieser Alltag keine so große Rolle …

M: Frau Dr. Reinhold, was ist denn besonders wichtig, damit eine Fernbeziehung gut funktioniert?

R: Es gibt kein Rezept, das für alle gut ist. Man muss mit dem anderen über alles sprechen können, die Kommunikation muss nämlich gut funktionieren. Nehmen Sie sich nicht zu viel für Ihre gemeinsame Zeit vor, d.h. machen Sie nicht zu viele Pläne für das Wochenende (30). Manchmal ist es besser, nichts zu tun oder einfach nur einen Spaziergang zu zweit zu machen. Zeigen Sie dem anderen Ihre Gefühle.

M: Vielen Dank! Wir haben in zwei Wochen noch einmal eine Sendung zu diesem Thema. Heute ist unsere Sendezeit leider zu Ende. Ich danke meinen Gästen im Studio und Ihnen, liebe Hörerinnen und Hörer für Ihr Interesse. Bis zum nächsten Mal …

Sport und Spiel

Teil 2 1/38

Sie nehmen mit einer Gruppe an einem Fussballcamp teil und hören die Informationen bei der Begrüßung.

Hallo …! Herzlich willkommen hier im Fussballcamp! Mein Name ist Raffael, ja … und ihr könnt ruhig du zu mir sagen. Also … ich duze euch auch … Ich bin für die nächsten 6 Tage euer Betreuer in diesem Fußball-Trainingscamp und ich freue mich, dass ihr da seid. Es wird euch bestimmt gefallen. Zuerst will ich euch aber einige wichtige Informationen geben.
Außer mir gibt es noch zwei Betreuer und zwei Trainer. Wir kümmern uns rund um die Uhr um euch, nicht nur beim Training. Wir haben auch ein 24 Stunden Notfalltelefon (11) – das zeige ich euch später – ihr könnt also immer jemanden im Camp erreichen, wenn ihr Hilfe braucht.
Ihr habt jeden Tag Training – logisch, dafür seid ihr ja hier … jeden Tag zwei bis dreimal, auch am Wochenende (12). Insgesamt trainiert ihr in den sechs Tagen also 30 Stunden. Wir haben hier ganz moderne Trainingsanlagen, also super Fußballplätze und wir können auch die Sporthalle benutzen. Außer dem Fußballtraining habt ihr auch Fitnesstraining und Theorieunterricht. Wir sehen uns auch Videos von professionellen Fußballspielen an.
Ich hoffe, ihr habt alle die richtigen Sportsachen und die richtigen Schuhe mitgebracht. Die Trainer sagen euch später, was ihr vielleicht noch braucht. Ihr könnt euch bei uns im Camp die fehlenden Sachen ausleihen. Ihr braucht sie nicht zu kaufen (13).
Wir essen immer gemeinsam. Das bedeutet für das Frühstück, dass ihr früh aufstehen müsst. Frühstück ist um acht, Mittagessen um eins und Abendessen um sieben. Ihr könnt euch den ganzen Tag im Speisesaal Obst und Joghurt nehmen. Außerdem bekommt ihr von uns Saft und Wasser. Dafür müsst ihr nichts bezahlen (14). Wenn ihr euch sonst noch was zum Essen oder Trinken kaufen wollt, … es gibt in der Nähe einen Supermarkt.
Natürlich soll der Spaß nicht fehlen … auf unserem Programm stehen auch ein Grillabend und ein Tagesausflug. Für den Ausflug bieten wir drei Ziele an und ihr könnt euch aussuchen, wohin ihr fahren wollt. Außerdem habt ihr in eurer Freizeit die Möglichkeit, Tischtennis zu spielen oder schwimmen zu gehen.
Zur Zimmerverteilung …, also, ihr werdet in Zweibettzimmern untergebracht (15). Wenn ihr bestimmte Wünsche habt, zum Beispiel mit einem Freund das Zimmer teilen wollt, dann könnt ihr das sagen und wir versuchen, eure Wünsche zu erfüllen.
Ah ja, noch was Wichtiges: Natürlich könnt ihr Musik hören. Aber in den Zimmern bitte nicht so laut, dass man sie im ganzen Haus hört. Ja, und beim Training bitte keine Handys und keine Kopfhörer

und MP3-Player oder Ähnliches. Da sollt ihr euch ja auf das Training konzentrieren und hören, was die Trainer sagen. Das wär's erst mal. Jetzt sage ich euch noch …

Teil 3 (○) 1/39

Sie sind an der Bushaltestelle und hören, wie sich zwei Jugendliche unterhalten.

E: Enrico
M: Moritz

E: Hallo Moritz! Hab´ dich ja lange nicht mehr gesehen. Was machst du denn in Berlin?

M: Hallo! Ich besuche meine Schwester. Sie ist ja nicht mitgekommen, <u>als mein Vater den neuen Job in Hamburg bekommen hat (17).</u> Sie arbeitet hier in Berlin in einem Krankenhaus. Wie geht's dir denn so?

E: Gut! Alles bestens! Und bei dir …? Wie gefällt es dir denn in Hamburg? Wie ist es in der Schule?

M: Eigentlich gefällt es mir ganz gut. Die Schule ist sehr modern und die Lehrer sind nett. Na ja, nicht alle, aber die meisten. Nur den Geschichtslehrer kann ich gar nicht ausstehen. Der ist unfreundlich und ziemlich unfair.

E: <u>Und die Mitschüler?</u>

M: <u>Die sind in Ordnung. Da habe ich keine Probleme (18).</u> Es sind auch ein paar nette Mädchen dabei, aber eine feste Freundin habe ich nicht … Und du … bist noch mit … na wie hieß sie denn … ehm … ach ja, Anna zusammen?

E: Nee, schon lange nicht mehr. Und seit zwei Monaten hab ich ´ne neue Freundin …

M: Geht sie auch auf deine Schule?

E: <u>Nein, sie besucht so ´ne Eliteschule, ´n Sportgymnasium. Das heißt S-L-Z-B, Schul- und Leistungssportzentrum in Berlin. Das ist eine Schule für Schüler, die ein besonderes Sporttalent haben. Sie machen da richtigen Leistungssport … (19)</u> und fast alle Sportarten … also auch Boxen, Basketball, Eisschnelllauf … usw. Und Nadja, so heißt meine Freundin, ist ´ne super Schwimmerin.

M: Mann, hab´ ich ja noch nie gehört, dass es so was gibt! Wo hast du Nadja denn kennen gelernt? Auf dem Sportplatz?

E: Nein! Ganz woanders! Beim Karneval der Kulturen! Da, wo ich mit meiner Clique auf der Straße zugeschaut habe, da waren so viele Leute … alle haben gedrängelt und geschubst … Nadja hat auch da gestanden und ist irgendwie gestolpert und hingefallen. Ich habe ihr geholfen, wir sind ins Gespräch gekommen und haben uns dann ganz nett unterhalten. Später haben wir noch zusammen einen Kaffee getrunken, na ja … wir haben uns gut verstanden … und dann haben wir ja auch gleiche Interessen …

M: Na klar, du bist ja auch so ein Supersportler! Machst du immer noch so viel Sport? Du hattest ja nie Zeit, weil du immer auf dem Sportplatz rumgehangen hast. Und dann hast du immer bei den Leichtathletik-Schulmeisterschaften gewonnen. Wär´ das nicht auch was für dich … eine Schule für Leistungssportler?

E: Theoretisch schon, aber du weißt ja, dass ich zwar sehr gut in Sport bin, aber <u>in den anderen Fächern habe ich nicht so gute Noten (22).</u> Und Nadja hat mir gesagt, dass man keine Chance hat, wenn man nicht in allen Fächern ein sehr guter Schüler ist, nicht nur gut … sehr gut … also nichts für mich.
Ah, da kommt mein Bus …

M: Gut, dann fahren wir ja zusammen dahin …

 8 Tiere

Teil 1

Beispiel: ◯ 1/40

Sie hören eine Durchsage im Tierpark.

Liebe Tierparkgäste, wenn Sie im Besitz einer Eintrittskarte für unsere Delfinschau sind, dann bitten wir Sie, jetzt zum Delfinbecken zu kommen. Die Vorführung beginnt in 10 Minuten, also genau um 13.00 Uhr. Eintrittskarten gibt es für 3 Euro am Haupteingang. Sie müssen sich aber beeilen. Die Eintrittskarten für den Tierpark gelten nicht für die Delfinschau (02). Viel Spaß!

Nummer 1 ◯ 1/41

Sie hören eine Durchsage im Kaufhaus.

Sehr geehrte Kunden, heute finden Sie bei uns im Sonderangebot zahlreiche Artikel für Ihre vierbeinigen Freunde: Hochwertiges Hunde- und Katzenfutter, Pflegemittel für ein weiches Fell, Hunde- und Katzenbürsten und Futterschalen in verschiedenen Größen! Heute alles zum halben Preis (1, 2). Sie finden die Angebote in unserer Haustierabteilung in der 4. Etage. Wir wünschen Ihnen einen guten Einkauf!

Nummer 2 ◯ 1/42

Sie hören eine Nachricht auf dem Anrufbeantworter.

Hallo Andi, hier ist Anna. Du hast mir doch neulich erzählt, dass du einen guten Tierarzt kennst und dass du schon mit deinem Hund da warst. Meinst du, dass ich da mit meinem Hamster hingehen könnte (4)? Der Timmy frisst schon drei Tage nicht mehr und liegt nur in seiner Ecke und bewegt sich kaum (3). Ich hab´ gestern bei einem Tierarzt angerufen, aber der behandelt so kleine Tiere nicht. Ruf mich doch bitte schnell an. Tschüss!

Nummer 3 ◯ 1/43

Sie hören eine Ansage im Radio.

Hallo, liebe Hörerinnen und Hörer! Hier sind wir wieder mit unseren fünf Minuten für die Tierfreunde! Was haben wir denn heute …? Drei kleine schwarze Katzen suchen einen neuen Besitzer! Wer möchte gerne eine kleine schwarze Katze haben? Maria hat 5 Katzenbabys und möchte drei davon verschenken (6). Und Simon sucht seinen Hund. Er ist durch ein Loch im Garten weggelaufen. Es ist ein weißer Pudel und er heißt Billy. Also, wer Billy sieht oder ein Katzenbaby haben will, … Anruf im Studio unter der Nummer …

Nummer 4 ◯ 1/44

Sie hören eine Nachricht auf dem Anrufbeantworter.

Hallo, Frau Kröger, hier ist Herr Meier, Ihr Nachbar von nebenan. Ich wollte Ihnen nur sagen, dass Ihr Hund schon wieder in meinem Garten war und meine Blumen kaputt gemacht hat. Wie oft muss ich Ihnen noch sagen, dass Sie besser auf Ihren Hund aufpassen sollen (7)? Ich möchte, dass Sie die Blumen bezahlen und … ja, … also wenn ich den Hund noch einmal in meinem Garten sehe, dann rufe ich die Polizei an (8).

Nummer 5 ◯ 1/45

Sie hören eine Nachricht auf dem Anrufbeantworter.

Hallo Frank, hier ist Jan. Du, ich habe ein Riesenproblem. Du weißt doch, dass ich Fische und zwei Vögel habe. Nun muss ich für meine Arbeit wieder drei Wochen ins Ausland reisen. Sonst kümmert sich immer meine Nachbarin um die Tiere, wenn ich weg bin, aber jetzt ist sie selbst verreist. Kannst du vielleicht zweimal in der Woche kommen und die Fische und die Vögel füttern (10). Das wäre super! Ruf mich bitte an.

Teil 4 ◎ 1/46

Der Moderator der Radiosendung „Ich und mein Tier" spricht mit Frau Lisa Richter und Herrn Reinhard Böttger zum Thema „Kinder und Haustiere".

M: Moderator
R: Frau Richter
B: Herr Böttger

M: Liebe Hörerinnen und Hörer, hier sind wir wieder mit unserer Sendung „Ich und mein Tier". Unser Thema heute: „Sollten Kinder ein Haustier haben oder nicht?" Dazu haben wir Frau Richter eingeladen. Sie ist Kinderpsychologin und beschäftigt sich besonders mit Aspekten der Mensch-Tier-Beziehung. Unser zweiter Studiogast ist Herr Böttger; er hat zwei Kinder zu Hause, die 6 und 9 Jahre alt sind. <u>Viele Eltern sagen ganz entschieden „nein", wenn ihr Kind ein Haustier haben will (Beispiel).</u> Sie meinen, dass sie am Ende selbst die ganze Arbeit mit dem Tier haben, und dafür haben sie keine Zeit. Frau Richter, was spricht dafür, dass Kinder ein Haustier haben?

R: Sehr viel! <u>Man weiß, dass ein Haustier in der Familie die Entwicklung eines Kindes positiv beeinflusst. Es lernt, Verantwortung zu tragen und sich sozial zu verhalten (23).</u> Kinder haben in Tieren auch ideale Spielpartner. Außerdem sind sie ein gutes Mittel gegen Langeweile.

B: Das verstehe ich jetzt nicht. Das hört sich ja fast so an, als ob ein Tier ein Spielzeug ist. <u>Und ich glaube nicht, dass man ein Haustier für sein Kind kaufen sollte, nur damit das Kind etwas Interessantes zum Spielen hat (24).</u> Und dann muss man ja auch noch bedenken, dass es sehr viele verschiedene Haustiere gibt, und einige sind ganz bestimmt keine geeigneten Spielkameraden für Kinder.

R: Ich glaube, Kinder verstehen sehr schnell, dass ein Tier eigene Bedürfnisse hat, dass man sich gut um das Tier kümmern muss. Sie müssen auch lernen, auf die Reaktionen von Tieren zu achten und verstehen, wann zum Beispiel der Hund oder die Katze keine Lust zum Spielen oder Schmusen hat.

M: Vielleicht sollten wir zunächst einmal klären, welche Tiere überhaupt für Kinder geeignet sind. <u>Früher oder später müssen sich fast alle Eltern damit beschäftigen, denn ziemlich jedes Kind will irgendwann einmal einen Hund oder eine Katze haben (25).</u> Und wenn das nicht geht, wenigstens ein Meerschweinchen oder einen Hamster …

R: Ja, Meerschweinchen und Zwergkaninchen sind besonders gut für <u>Kindergartenkinder</u> geeignet, weil sie sich schnell an den Menschen gewöhnen und auch pflegeleicht sind. <u>Ein Hamster ist dagegen weniger geeignet (26).</u> Hamster sind in der Nacht aktiv und wollen am Tag schlafen und nicht dauernd aufgeweckt werden.

B: Ich glaube auch, dass man Kindern mit Vögeln und Fischen keine große Freude macht. <u>Kinder wollen doch immer was zum Anfassen und Streicheln haben, nicht nur die kleinen, auch die großen … (27)</u> Meine Kinder würden sich nicht für Fische interessieren.

R: Und man sollte auch keine gefährlichen Tiere kaufen. Also giftige Spinnen, Reptilien, oder Schlangen eignen sich nicht für jüngere Kinder und auch bei größeren sollten die Eltern sich das gut überlegen.

M: Dann lassen Sie uns doch über Hunde und Katzen sprechen …

R: Ja, Hunde und Katzen sind ja Tiere für die ganze Familie und … die meisten Kinder wollen einen Hund oder eine Katze haben. Hunde sind ideale Spielkameraden, <u>allerdings muss man sich genau über die Hunderasse informieren … Nicht alle Rassen sind kinderfreundlich … Manche können für Kinder sogar gefährlich werden (28).</u> Und man muss natürlich auch genug Platz haben …

M: Ich denke, bevor man einen Hund kauft, muss man über viele Dinge nachdenken. <u>Ein Hund lebt etwa 8-16 Jahre. Das ist eine lange Zeit.</u> Man braucht nicht nur den geeigneten Platz, man muss auch Futter kaufen … man braucht vielleicht eine Unterkunft für den Hund, wenn man in

Urlaub fährt. <u>Man muss den Hund zum Tierarzt bringen und vieles mehr. Man muss Hundesteuer bezahlen. Das alles ist nicht gerade billig</u> … (29)

B: Das ist für mich auch ein Grund, weshalb ich meinen Kindern keinen Hund kaufe. <u>Die Kinder denken nur an die positiven Dinge und wenn sie dann keine Lust mehr haben, tragen die Eltern die ganze Verantwortung</u> …
Also, ich habe das alles schon mit meinen Kindern durchgemacht. Sie wollten einen Hasen. <u>Wir haben einen Hasen gekauft. Nach einem Monat hat der Käfig gestunken und meine Frau und ich haben den Käfig regelmäßig saubergemacht und dem Tier Futter gegeben. Die Kinder haben nach zwei Monaten das Interesse verloren</u> … (30) Jetzt wollen sie einen Hund … was glauben Sie, wer mit dem Hund Gassi oder spazieren gehen wird? Nein, also ich kaufe kein Haustier mehr …

R: Man kann natürlich nicht erwarten, dass ein Kind sofort weiß, wie man ein Tier pflegt. Die Eltern müssen auf jeden Fall helfen und haben immer eine große Verantwortung …

M: Ich glaube, es gibt noch viele Themen, über die wir jetzt nicht mehr diskutieren können. Leider ist unsere Sendezeit zu Ende. In der nächsten Woche setzen wir die Diskussion fort und beschäftigen uns auch mit der Frage: „Wie gefährlich ist ein Hund für Kinder?".
Frau Richter, Herr Böttger, ich bedanke mich für Ihre Zeit. Ihnen, liebe Zuhörerinnen und Zuhörer wünsche ich noch einen schönen Nachmittag und bis nächste Woche …

⑨ Essen und Trinken

Teil 2 ◎ 2/1

Sie nehmen mit einer Gruppe an einer Führung im Schokoladenmuseum in Berlin* teil.

Guten Tag, meine Damen und Herren und herzlich willkommen im Schokoladenmuseum *Ritter Sport* in Berlin (BSB). Mein Name ist Reinhard Schuster und ich werde Sie bei Ihrem Rundgang durch das Museum (BSB) begleiten und Ihnen dabei einige interessante Informationen geben.
Wie Sie schon festgestellt haben, <u>befindet sich das Museum (BSB) mitten in Berlin … (11)</u> ganz in der Nähe des bekannten Boulevards „Unter den Linden" … der Humboldt-Universität und anderer historischer Gebäude.
Allerdings ist „Die bunte Schokowelt" von Ritter Sport noch nicht so alt … Das Museum (BSB) wurde erst 2010 eröffnet. Die Firma Ritter gibt es allerdings schon länger. Die <u>erste Schokoladen- und Zuckerwarenfabrik wurde 1912 von dem Ehepaar Clara und Alfred Eugen Ritter nach ihrer Hochzeit in Stuttgart-Cannstatt gegründet (12).</u> Heute produziert Ritter Sport im schwäbischen Waldenbuch täglich rund 2,5 Millionen Tafeln. Die Schokolade wird inzwischen in über 90 Ländern verkauft, aber produziert wird sie immer noch nur in Schwaben. Den Namen „Sport-Schokolade" bekam die Schokolade 1932, später hieß sie dann nur noch „Ritter Sport". Sie fragen sich vielleicht, was die Schokolade mit Sport zu tun hat. <u>Nun … Clara Ritter wollte eine Schokoladentafel herstellen, die in jede Sportjackettasche passt und nicht zerbricht. Deshalb sind die Tafeln quadratisch und nicht rechteckig wie bei allen anderen Firmen (13).</u>
Auf dem Schokopfad, dem Rundgang durch das Museum, werden Sie noch mehr über die Geschichte der Firma und die Familie Ritter erfahren. Aber nicht nur das … Sie werden auch sehen, woher die Kakaobohnen kommen, wie sie wachsen und wie aus der Kakaobohne vom Baum eine Tafel Schokolade wird und welche Techniken man bei der Produktion anwendet. Wenn Sie dazu Fragen haben, werde ich sie gerne beantworten.
<u>In der dritten Etage sehen Sie in einem Film, wie man aus Schokoladentafeln das Brandenburger Tor und den Berliner Fernsehturm nachbaut (14).</u> Ich kann Ihnen jetzt schon die Zahl verraten: es sind über 192 Millionen Schokoladentafeln für das Brandenburger Tor und etwa 31000 Tafeln für den Berliner Fernsehturm.
Und noch etwas Besonderes für unsere jüngeren Besucher … und nur für sie … <u>Mama und Papa dürfen nicht mitkommen … Im Untergeschoss gibt es die Schokowerkstatt. Hier können Kinder</u>

und Jugendliche von 7-18 Jahren an Workshops teilnehmen und ihre Lieblingsschokolade selbst herstellen … (15). Sie werden dabei von Fachleuten und Pädagogen betreut. Wir haben heute noch einige Plätze frei. Wenn Sie Ihre Kinder noch anmelden wollen, können Sie das jetzt tun. Der Eintritt für das Museum (BSB) ist zwar frei, aber die Teilnahme an den Schokowerkstatt-Workshops kostet 9 Euro pro Kind. Ein Workshop dauert etwa 75 Minuten.
Und versäumen Sie nicht, in unserem SchokoCafé eine Tasse Ritter Sport Schokolade zu trinken, eine besondere Köstlichkeit! Wenn Sie Ihre Lieblingsschokolade mit nach Hause nehmen wollen, dann finden Sie in unserem SchokoShop eine große Auswahl süßer Überraschungen.
So, und jetzt wünsche ich Ihnen viel Spaß!
* in der „Bunten Schokowelt Berlin" (BSB)

Teil 3 ⊙ 2/2

Sie sind in der U-Bahn und hören, wie sich zwei junge Männer unterhalten.

F: Florian
J: Julian

F: Hallo Julian! Seit wann fährst du denn mit der U-Bahn? Das ist ja ganz neu! Hast du beschlossen, was für die Umwelt zu tun?

J: Nein, ich habe gar keine Lust mit der U-Bahn zur Arbeit zu fahren. Ich kann auch gar nicht verstehen, was du daran so schön findest. Aber vorgestern hatte ich einen Unfall und das Auto ist in der Werkstatt. Da hat jemand das Stoppschild nicht beachtet und ist mir in die Tür gefahren. Nichts Schlimmes!

F: Na, da hast du ja ein Glück gehabt! Ich wollte dich eigentlich anrufen, aber ist ja gut, dass ich dich treffe. Ich muss dir unbedingt von diesem Restaurant in Hamburg erzählen.

J: Was für ein Restaurant denn? Und was hast du in Hamburg gemacht?

F: Also letztes Wochenende, da war ich auf einem Seminar in Hamburg. Das war ein Fortbildungsseminar für Angestellte unserer Firma (17). Und am letzten Abend bin ich mit Kollegen in ein ganz verrücktes Restaurant gegangen …

J: Na, da bin ich aber echt neugierig! Was war denn da so verrückt? Habt ihr exotische Schlangen oder so was gegessen?

F: N e i n, das Essen war ganz normal und sehr lecker. Es gibt dort vor allem deutsche Küche und viele regionale Gerichte, also das, was der Hamburger normalerweise so isst … Und ganz leckere Nachspeisen … also ich habe Waffeln mit Schokoladencreme und Sahne gegessen … einfach köstlich (19)!

J: Na gut, aber warum sagst du dann, dass das Restaurant verrückt ist?

F: Also, das Restaurant ist in einem alten Speicherhaus am Hafen. Am Eingang bekommt man eine Chipkarte, also eine Bestellkarte …

J: Das ist doch nichts Besonderes …

F: Nun warte doch mal … wenn man reinkommt, sieht man überall an der Decke Schienen … so silbermetallic … die schweben durch den Raum bis zu runden Tischen. Und am Ende der Schiene, die zu deinem Tisch kommt, ist ein Bildschirm …

J: Also, wenn ich das richtig verstehe, setze ich mich an einen Tisch und dann fährt ein Monitor auf einer Schiene zu mir. Ok, das habe ich jetzt verstanden und dann?

F: Dann kannst du deine Bestellung per Touchscreen machen. Du klickst auf verschiedene Zahlen, dann siehst du alle Gerichte und Getränke und die Preise. Du suchst dir was aus und klickst das dann an. Zum Schluss steckst du deine Chipkarte in die Öffnung am Monitor (20). Da siehst du dann noch einmal deine ganze Bestellung und was du bezahlen musst. Danach meldest du dich ab, also wie am Computer ...

J: Und wie bekommt man dann sein Essen? Bringen das die Kellner?

F: Nein ... also, das ist ganz lustig, da fahren so kleine Töpfe mit dem Essen und den Getränken auch auf Schienen wie kleine Züge durch die Luft bis zu deinem Tisch. Die bringen dir, was du bestellt hast (22).

J: Hört sich ja interessant an. Sag mal ...

F: Oh, ich muss aussteigen! Ich ruf dich an ... Tschüss!

Reisen und Urlaub

Teil 2  2/3

Sie nehmen mit einer Gruppe von Jugendlichen an einem Survival Camp teil und hören die Informationen zu Beginn des Camps.

Hallo, alle miteinander! Ich begrüße euch ganz herzlich im Survival Camp. Mein Name ist Jörg und das sind meine Kollegen Cindy und Christian. Wir sind euer Betreuerteam für die nächsten sechs Tage. Nochmal herzlich willkommen von uns dreien!
Mal sehen, ob alle von der Gruppe da sind ... eins, zwei ... mmh, ja, es sind alle da. Wie ihr seht, besteht die Gruppe aus zwölf Leuten (11), sieben Jungen und fünf Mädchen. Ihr seid auch alle etwa im gleichen Alter. Ich würde sagen, eine ideale Gruppe ... Ok, ich hoffe, ihr habt alle die richtige Ausrüstung dabei. Das müssen wir gleich nochmal nachprüfen, denn wenn wir erst unterwegs sind, ist es zu spät.
Danach wandern wir dann auch gleich los und bevor es dunkel wird, suchen wir uns im Wald einen Platz zum Schlafen. Es ist ja warm und deshalb müssen wir uns keine Notunterkunft bauen. Wir können direkt auf dem Boden in unseren Schlafsäcken übernachten (12). In den nächsten Tagen wird es etwas kühler. Da brauchen wir vielleicht unsere Zelte oder wir bauen uns Notunterkünfte.
Wir werden jetzt jeden Tag und auch manchmal die Nacht viele Stunden unterwegs sein. Unterwegs lernt ihr viel Neues und Nützliches. Auf dem Programm stehen auch Gruppenaufgaben. Das heißt, dass ihr nicht alle die ganze Zeit zusammen seid. Ihr bekommt zum Beispiel unterschiedliche Ziele, die ihr bis zum Abend in kleineren Gruppen erreichen müsst. Als Hilfe habt ihr dann nur einen Kompass und eine Karte.
Aber am wichtigsten ist ... ihr lernt, wie ihr euch in Notsituationen selbst helfen könnt. Wie findet man Essen und Trinken in der Natur? Erste Hilfe ... Wie helfe ich jemandem, wenn ich keinen Erste-Hilfe-Koffer dabei habe? Wie macht man Feuer, wenn man kein Feuerzeug und keine Streichhölzer hat und vieles mehr (13). Das ist nicht nur hier im Camp nützlich, sondern kann euch auch im täglichen Leben helfen.
Und noch was ganz Wichtiges: Geratet in gefährlichen Situationen nicht in Panik! Cindy, Christian und ich sind nie weit weg und immer erreichbar. Wir können euch jederzeit helfen (14). Ihr braucht wirklich keine Angst zu haben. Es ist selbstverständlich, dass ihr keine Handys benutzt. Also, wer jetzt noch eins in der Tasche hat, bitte bei mir abgeben.
Für heute Abend haben wir Proviant mitgebracht. Wir werden also gemeinsam im Freien essen und trinken (15). Ein Feuer machen wir nicht ... das ist ja klar ... viel zu gefährlich im Wald. Übermorgen werden wir an einem Fluss ein Lagerfeuer machen und wenn wir Glück haben, selbstgefangene Fische braten. Da werden wir auch eine Seilbrücke über einen Fluss bauen ... Ja, und ein Floß auch ... aber ich will euch noch nicht alles verraten.
Okay, habt ihr noch Fragen? ... Gut, dann checken wir nochmal die Rucksäcke und dann kann's losgehen ...

Teil 3 ◯ 2/4

Sie sind in einer Cafeteria und hören, wie sich zwei Jugendliche unterhalten.

M: Maria
L: Leon

M: Hallo Leon! Schön, dich zu sehen!

L: Grüß dich, Maria! Setz dich doch erst mal. Wie geht's? Wie waren die Ferien? Du bist ja ganz schön braun geworden.

M: Na, du aber auch! Also die Ferien waren super. Die hätten auch länger sein können. Ich hatte heute gar keine Lust, wieder in die Schule zu gehen. (16)

L: Glaubst du, ich …? Am liebsten würde ich jetzt noch ein paar Wochen zu Hause bleiben. Aber nun sag mal, was hast du denn Schönes gemacht?

M: Also, am Anfang der Ferien war ich zu Hause. Na ja, hab so ´n bisschen rumgehangen … Balkonien …, bin auch ab und zu ins Schwimmbad gegangen … aber dann habe ich mit meinen Eltern und meinem Bruder eine super Radtour gemacht. Das Tollste kam dann zum Schluss. Da war ich eine Woche in einem Survivalcamp in der Eifel … (18)

L: Survivalcamp, … das hört sich ja gut an! Was habt ihr denn da gemacht?

M: Ach, … jeden Tag was Anderes.Das war ganz spannend. Besonders interessant fand ich Survivalkunde …

L: Survivalkunde …?

M: Ja, da haben wir gelernt, was man in einem Notfall machen kann, zum Beispiel wie man Essen in der Natur findet. Oder wie man bei einem Ausflug den Weg wiederfindet, wenn man sich verlaufen hat.

L: Ist ja praktisch! Darauf hätte ich auch Lust. Was kostet das denn?

M: Na ja, es ist schon ein bisschen teuer, aber es lohnt sich. Ich hatte ja zum Glück etwas Geld gespart. Und meine Eltern haben mir auch noch Geld dazugegeben.

L: Und wie war die Radtour mit deiner Familie? Wie seid ihr denn überhaupt darauf gekommen?

M: Mein Bruder hat zufällig im Internet Anzeigen für Fahrrad-Urlaub gesehen. Na ja, das haben wir uns angeguckt und fanden es einfach toll, mal durch die Gegend zu radeln. Wir haben uns für eine Route entschieden, die am Main entlang führt.

L: Und wie lange wart ihr unterwegs?

M: Sechs Tage. Wir sind etwa so 20 bis 30 Kilometer am Tag geradelt.

L: **Sechs** Tage? Und die ganze Zeit mit dem Rad? Uff … Wie anstrengend! Das wäre nichts für mich!

M: So schlimm ist das nun auch nicht. Wir waren ja auch nicht nur mit dem Rad unterwegs. Von zu Hause, also von Würzburg bis Aschaffenburg sind wir mit dem Zug gefahren und dann sind wir die 130 Kilometer am Main entlang wieder zurück nach Würzburg geradelt. Also diese Strecke ist wirklich wunderschön! Da gibt es auch keine Autos (21) und unterwegs haben wir Sehenswürdigkeiten besichtigt oder sind baden gegangen.

L: Und wo habt ihr übernachtet?

M: Zuerst wollten wir campen. Es gibt ja viele schöne Campingplätze auf der Strecke. Aber wir hatten keine Lust, so viel Gepäck mitzunehmen. Deshalb haben wir vorher Zimmer in Jugendherbergen und Pensionen gebucht. Aber sag mal, was hast du denn in den Ferien gemacht?

L: Erzähl ich dir morgen. Sehe gerade, dass es schon spät ist. Ich muss zum Fußballtraining. Tschüss!

M: Tschüss dann, bis morgen!

 Gesundheit

Teil 1

Beispiel: ⊙ 2/5

Sie hören eine Nachricht auf dem Anrufbeantworter.

Hallo Anni, hier ist Rolf. Meine Schwester hatte in der Schule einen Unfall und ist im Krankenhaus. Zum Glück ist es nicht ganz so schlimm, wie wir zuerst dachten. <u>Ich bin jetzt bei ihr und bleibe noch eine Weile (01)</u>. Also, warte nicht auf mich. <u>Das wird heute nichts mehr (02)</u>. Vielleicht morgen. Ich rufe dich an. Tschüss.

Nummer 1 ⊙ 2/6

Sie hören eine Durchsage im Kaufhaus.

Sehr verehrte Kundinnen, <u>in dieser Woche finden Sie bei uns alles, was Sie für Ihre Gesundheit und ein vitales Aussehen brauchen. Im Erdgeschoss beraten Sie außerdem Mitarbeiterinnen der Firma „Tonica" bei Fragen zur gesunden Ernährung und Naturkosmetik.</u> Beim Kauf eines Tonica-Produkts nehmen Sie auch an unserem Gewinnspiel teil: Auf die Gewinnerin wartet ein Wellness-Urlaub mit Beauty- und Fitness-Programm. Und in der ersten Etage finden Sie <u>Informationen und Tipps für das tägliche Fitnessprogramm (2)</u> für Sie und Ihn …

Nummer 2 ⊙ 2/7

Sie hören eine Ansage im Radio.

Arbeiten Sie am liebsten Tag und Nacht? Auch noch am Wochenende? Wechseln Sie von einem Fernsehprogramm zum anderen, ohne dass Sie etwas interessiert? Kaufen Sie laufend Dinge, die Sie gar nicht brauchen und nie benutzen? Sind Sie vielleicht arbeits-, fernseh- oder kaufsüchtig? <u>Dann sollten Sie unser Gesundheitsmagazin am Sonntagvormittag einschalten. Denken Sie daran: ab jetzt eine Stunde später als bisher, also erst um elf … (4)</u>

Nummer 3 ⊙ 2/8

Sie hören den Wetterbericht im Radio.

… das war der Wetterbericht für Samstag, den 26. Juni. Und jetzt noch das Biowetter: Das Wetter verursacht heute für Wetterfühlige kaum Beschwerden. Am Nachmittag nimmt allerdings die Belastung für Personen mit Herz- und Kreislaufproblemen durch den Temperaturanstieg und die erhöhte Luftfeuchtigkeit etwas zu. <u>Am Sonntag kann leichter Tiefdruckeinfluss Kopfschmerzen und Müdigkeit verursachen … (6)</u>

Nummer 4 ⊙ 2/9

Sie hören eine Ansage auf dem Anrufbeantworter.

Sie sind mit der Zahnarzt-Praxis von Dr. Maurer verbunden. <u>Sie rufen uns außerhalb der Sprechstunde an (7).</u> Die Sprechstunden finden Montag bis Freitag von 9.00 bis 12.00 Uhr und Montag, Dienstag, Donnerstag und Freitag von 16.00 bis 19.00 Uhr statt. <u>Die Patienten werden gebeten, rechtzeitig einen Termin zu vereinbaren (8).</u> Die Behandlung ohne Termin ist nur in dringenden Notfällen möglich jedoch mit langen Wartezeiten verbunden. Wir danken für Ihren Anruf.

Nummer 5 ⊙ 2/10

Sie hören eine Nachricht auf dem Anrufbeantworter.

Hallo Peter, hier ist Miriam. Ich bin immer noch unterwegs. Du wartest bestimmt schon auf mich. <u>Aber es wird wohl noch einige Zeit dauern, bis ich komme (10).</u> Hier ist irgendetwas passiert, aber ich weiß nicht genau, was los ist. Kaputte Autos sehe ich nicht. Aber die Straße ist gesperrt und ich stehe hier schon 20 Minuten im Stau. Ich sehe auch Feuerwehrautos. Aber vielleicht ist es ja nichts Schlimmes. Na ja, kann man nichts machen. Ich melde mich wieder. Du kannst mich auch auf dem Handy anrufen. Bis dann …

Teil 4 (○) 2/11

Die Moderatorin des „Gesundheitsmagazins am Sonntag" spricht mit der Journalistin Angela Kühn und Herrn Dr. Michael Reese zum Thema „Schulmedizin und Alternativmedizin".

M: Moderator
K: Frau Angela Kühn
R: Herr Dr. Michael Reese

M: Liebe Hörerinnen und Hörer, ich begrüß Sie ganz herzlich zu unserem Gesundheitsmagazin. Unser Thema heute: „Schulmedizin und alternative Medizin?" Dazu haben wir Frau Kühn eingeladen. Sie ist Journalistin und beschäftigt sich vor allem mit medizinischen Themen. Unser zweiter Studiogast ist Herr Dr. Reese. Er ist Arzt für Allgemeinmedizin. Deutschland ist eines der Länder, in denen die sogenannte alternative Medizin sehr häufig angewendet wird. Etwa 60 Prozent der Bevölkerung nutzen neben der Schulmedizin auch alternative Methoden … (Beispiel)

K: Ich möchte zuerst einmal kurz die Begriffe klären, damit auch alle Hörer verstehen, worüber wir sprechen. Wenn wir von Schulmedizinern sprechen, dann meinen wir in der Regel die Ärzte, die an Universitäten und Medizinischen Hochschulen studiert haben.
Alternative Medizin – dazu gehören unter anderem die Homöopathie, Naturheilverfahren oder die Traditionelle Chinesische Medizin – diese Methoden können auch von Heilpraktikern angewendet werden, also von Leuten, die nicht Medizin studiert haben (23).

R: Entschuldigen Sie bitte, dass ich unterbreche … ich bin nicht ganz einverstanden mit dem Begriff „Alternative Medizin". Treffender ist die Bezeichnung „komplementäre Medizin", also eine Ergänzung. Denn die sogenannten alternativen Therapien sind ja in vielen Fällen keine echte Alternative. Aber wir benutzen diese Therapien im Klinikalltag häufig zusätzlich oder parallel (24).

M: Können Sie uns dafür vielleicht ein Beispiel geben?

R: Natürlich! Man behandelt schon seit einigen Jahren Rückenschmerzen erfolgreich mit Akupunktur - zusätzlich zur medikamentösen Therapie. Auch bei Kniegelenkerkrankungen gibt es Therapieerfolge. Ein Beispiel aus der Pflanzenheilkunde ist das Johanniskraut. Man weiß, dass es bei leichten Depressionen wirksam ist. Da geben auch Ärzte oft den Rat, diese Präparate auszuprobieren. Aber – und das ist ganz wichtig – vor einer sinnvollen Behandlung muss es immer eine richtige Diagnose geben. Und die kann nur ein richtiger Arzt stellen.

M: Es gibt ja in Deutschland inzwischen etwa 50.000 Ärzte, die eine Weiterbildung gemacht haben … vor allem im Bereich Naturheilverfahren, aber auch in Akupunktur und Homöopathie … (25)

R: Ja, und wenn sich ein Facharzt etwa 200 Stunden weitergebildet hat, darf er z.B. Arzt für Naturheilverfahren oder Homöopathie auf sein Praxisschild schreiben.

M: Frau Kühn, Sie haben schon zu Beginn den Beruf des Heilpraktikers erwähnt. Viele Patienten nehmen ja an, dass es eine abgeschlossene Berufsausbildung zum Heilpraktiker gibt. Wie sieht die Ausbildung zum Heilpraktiker aus?

K: Die Heilpraktiker-Ausbildung ist nicht staatlich geregelt und man muss nicht unbedingt eine Heilpraktikerschule besuchen (26). Theoretisch kann jeder Heilpraktiker werden, der das 25. Lebensjahr vollendet hat, mindestens einen Hauptschulabschluss besitzt, und ein polizeiliches Führungszeugnis ohne schwerwiegende Einträge hat. Man darf sich „Heilpraktiker" nennen, wenn man eine amtsärztliche Überprüfung – also keine richtige Prüfung – durch die staatlichen Gesundheitsämter besteht.

R: Allerdings gibt es Gesetze, die festlegen, was ein Heilpraktiker darf bzw. nicht darf. Es ist ihm zum Beispiel nicht gestattet, verschreibungspflichtige Medikamente zu verordnen wie Antibiotika oder starke Schmerzmittel und vieles mehr (27). Ein Heilpraktiker ist eben kein Arzt …

M: Wie lässt sich erklären, <u>dass sich immer mehr Menschen von der Schulmedizin abwenden und glauben, dass z.B. der Heilpraktiker eine bessere Lösung ist (28)</u>?

K: Sehen sie, wenn Sie einen Heilpraktiker z. B. mit homöopathischer Ausrichtung aufsuchen, dann steht das Gespräch im Vordergrund. Man spricht über Empfindungen, Gewohnheiten … es werden viele Fragen gestellt. Der Patient ist wichtig, er steht im Mittelpunkt. Das tut ihm gut. <u>Unser Gesundheitssystem erlaubt es aber dem Arzt nicht, sich auf ein langes Gespräch mit dem Patienten einzulassen. Das heißt, theoretisch könnte sich der Arzt eine Stunde lang mit jedem Patienten unterhalten, aber das wird ihm nicht bezahlt (29).</u> Damit der Arzt etwas verdient, muss er möglichst viele Patienten behandeln. Stimmt das, Herr Dr. Reese?

R: Es ist nicht ganz falsch. Natürlich suchen wir auch das Gespräch mit dem Patienten, aber im Vordergrund stehen die Diagnostik, moderne Diagnosemethoden, damit wir schnell mit einer wirksamen Behandlung beginnen können. Ja … und wir haben in der Regel nicht so viel Zeit, uns mit dem sonstigen Befinden des Patienten zu beschäftigen. Uns interessieren die Symptome …

M: Was sollte man beachten, wenn man sich entschließt, einen Heilpraktiker aufzusuchen?

R: Heilpraktiker sind keine Wunderheiler. Und sie können auch keine schweren Krankheiten wie Krebs heilen. <u>Wenn man Ihnen Wunder verspricht, sollten Sie vorsichtig sein und lieber woanders hingehen (30).</u> Es gibt aber eine ganze Reihe von Heilpraktikern, die ihre Arbeit sehr gut machen.

M: Es ist wirklich schade, dass wir unser Gespräch jetzt abbrechen müssen, aber leider ist unsere Sendezeit zu Ende. Frau Kühn, Herr Dr. Reese, ich bedank mich für Ihren Besuch im Studio und Ihnen, liebe Zuhörerinnen und Zuhörer wünsche ich noch einen schönen Nachmittag und bis nächste Woche um die gleiche Zeit …

⑫ Studium und Beruf

Teil 2 ⊙ 2/12

Sie nehmen an einer Einführungsveranstaltung für Auszubildende in einem großen Hotel teil.

Liebe Auszubildende,
mein Name ist Peter Höfer und ich möchte Sie im Namen der Hotelleitung in unserem Hotelbetrieb herzlich willkommen heißen. Einige von Ihnen kennen mich ja schon vom Bewerbungsgespräch. Wir freuen uns, dass wir heute 15 neue Auszubildende begrüßen können. <u>Ich kann Ihnen versichern, dass Ihnen die Ausbildung im *Hotel Premium* eine erfolgversprechende berufliche Entwicklung ermöglicht. Bisher haben alle jungen Leute, die ihre Ausbildung bei uns abgeschlossen haben, in unserem Haus oder in anderen bekannten Hotelketten eine Anstellung gefunden (11).</u>
Damit Sie sich nun am ersten Tag nicht ganz so fremd fühlen, <u>wollen wir Ihnen heute nach dieser Einführungsveranstaltung den ganzen Hotelbetrieb und alle Arbeitsbereiche und Ihre zukünftigen Kollegen und Kolleginnen vorstellen (12).</u>
Ab der nächsten Woche lernt und arbeitet dann jeder hauptsächlich in dem Bereich, der für seine Ausbildung wichtig ist. Wir haben Auszubildende zur Hotelfachfrau … ja drei junge Damen, dann haben wir zwei zukünftige Köche und eine Köchin, vier Auszubildende zur Restaurantkauffrau und noch drei junge Männer, die zu Fachkräften im Gastgewerbe ausgebildet werden. Ich hoffe, Ihnen allen macht die Ausbildung bei uns Spaß. <u>Unsere Ansprechpartnerin für Auszubildende, Frau Evelyn Stolze, ist für Sie da, wenn Sie Fragen oder Probleme haben (13).</u>
Auch die Auszubildenden, die schon im zweiten Ausbildungsjahr sind, werden Ihnen in der ersten Zeit ein bisschen helfen, sich besser zurechtzufinden.
Morgen haben Sie auch noch einen wichtigen Termin. Da steht ein Seminar zur Arbeitssicherheit auf dem Programm. Was ist das? Zahlreiche Studien haben gezeigt, dass Auszubildende besonders häufig Arbeitsunfälle haben. Deshalb ist es für Sie sehr wichtig, dass Sie lernen, Gefahrenquellen richtig einzuschätzen. Darüber informiert Sie morgen ein Sicherheitsspezialist. Er wird Ihnen unter anderem

zeigen, wie Sie Unfälle vermeiden können.

Über Ihr Berufsschulprogramm sind Sie ja, soweit ich weiß, alle informiert. Im ersten Ausbildungsjahr besuchen die meisten zweimal pro Woche die Berufsschule. Sie brauchen an diesen Tagen nicht am Arbeitsplatz zu erscheinen. <u>Wir erwarten aber von Ihnen, dass Sie alle Unterrichtstermine einhalten (14)</u>.

Und nun noch ein paar Worte zum Abschluss: Für Sie bedeutet der heutige Tag den endgültigen Wechsel von der Schule in die Berufs- und Arbeitswelt … eine große Umstellung! Und aller Anfang ist schwer!

Wir erwarten nicht von Ihnen, dass Sie vom ersten Tag an perfekt sind. Was wir von Ihnen erwarten ist Pünktlichkeit, Zuverlässigkeit und kollegiales Verhalten. Sie wissen, dass Sie eine Probezeit von vier Monaten haben. In dieser Zeit findet auch eine Beurteilung statt, das heißt, Ihre Leistung wird bewertet.

Wenn Sie zum Beispiel oft unpünktlich zur Arbeit kommen oder immer wieder Ärger mit den Kollegen haben, <u>dann riskieren Sie, dass wir Ihren Ausbildungsvertrag kündigen. Natürlich können auch Sie kündigen (15)</u>. Es kann schon mal vorkommen, dass man plötzlich feststellt, dass der Beruf nicht so ist, wie man es sich vorgestellt hat, oder dass er vielleicht gar nicht zu einem passt. Ich hoffe aber, dass weder der eine noch der andere Fall eintritt und dass Sie alle mit Ihrer Wahl zufrieden sind.

Und jetzt wünsche ich Ihnen – auch im Namen der Hotelleitung und aller Kollegen und Kolleginnen – einen guten Start.

Teil 3 ⊙ 2/13

Sie sind in einem Fitnessstudio und hören, wie sich zwei junge Männer unterhalten.

D: David
T: Tobias

D: Hallo Tobias! Hab dich ja ewig nicht mehr hier gesehen! Hab schon gedacht, du gehst in ein anderes Fitnessstudio. Wo warst du denn so lange?

T: Hi, David! Das glaub ich ja jetzt nicht … Ich hatte dir doch erzählt, dass ich ein Jahr im Ausland studieren wollte. Na ja, das hat geklappt, und ich war zwei Semester in Frankreich.

D: In Frankreich … Erzähl doch mal …

T: Zuerst wollte ich in ein englischsprachiges Land gehen, weil das von der Sprache her einfacher ist. <u>Aber eigentlich hat mir Französisch immer besser gefallen. Das war schon in der Schule so (17).</u> Da habe ich gedacht, ich probier´s einfach mal in Lyon … Ich hatte mal eine Freundin aus Lyon …

D: Na super! Und wie hast du da einen Studienplatz gefunden? Ich stelle mir das nicht so einfach vor …

T: Eigentlich war das gar nicht so schwierig. Ich hatte mir im Internet die Universität Lyon angesehen. Es gab relativ viele freie Plätze und ich habe da auch das komplette Programm für das Mathematik-Studium gefunden und noch viele andere Informationen, z.B. Unterkunft und so … Und die Bewerbung war auch ganz problemlos. Ich musste nur einige Formulare online ausfüllen und einen Bericht über mein bisheriges Studium schreiben … ach ja, und dann noch einen Motivationsbrief …

D: Motivationsbrief …?

T: Ja, der ist ganz wichtig. Da musste ich erklären, warum ich das Auslandsjahr machen will, warum ich gerade diese Universität ausgewählt habe, was ich erreichen will usw.

D: Und musstest du das alles auf Französisch schreiben oder auf Deutsch?

T: Auf Französisch natürlich!

D: Uff …

T: Na ja, das war schon ein bisschen schwierig, weil ich mich lange Zeit nicht mit der Sprache beschäftigt habe. Aber es hat alles gut geklappt und ich habe einen Studienplatz für ein Jahr bekommen.

D: Und wo hast du gewohnt?

T: Die Uni hatte mir einen Platz in einem Studentenwohnheim angeboten. Es gab zwei Wohnheime zur Auswahl. In dem einen waren die Zimmer etwa 10 Quadratmeter groß, Zimmer mit Bett, Schrank, Tisch und Stuhl und Duschen und Toiletten auf dem Flur. Außerdem gab es zwei Küchen für alle, aber – du wirst es nicht glauben – ohne Kühlschrank.

D: Küche ohne Kühlschrank … nicht gerade komfortabel. Und das andere?

T: In dem anderen Wohnheim gab es Studios, also Einzimmerwohnungen. Die waren auch nicht sehr groß – etwa 20 Quadratmeter – aber natürlich brauchte man da Bad und Toilette nicht mit anderen zu teilen.

D: Und welches hast du dir ausgesucht?

T: Keins von beiden. Haben mir beide nicht gefallen. Ich habe mir eine Wohngemeinschaft in der Nähe der Uni gesucht (20). Im Internet gibt es eine Seite mit Angeboten. Wir waren 5 Leute und durch meine Mitbewohner habe ich auch schnell Kontakt zu anderen Studenten und ihren Freunden gefunden.

D: Hattest du viel Kontakt zu Franzosen?

T: Also die französischen Studenten in meinen Kursen, die waren sehr fleißig und haben sehr viel gearbeitet und sind ziemlich selten ausgegangen. Da gab es häufig nur in der Uni Kontakt und nicht so oft in der Freizeit. Ich hab aber in einer Sportgruppe mitgemacht. Und da habe ich viele gute Freunde gefunden, die mit mir auch in der Freizeit viel unternommen haben (21).

D: Hast du auch einen Sprachkurs besucht?

T: Ja, es gab einen an der Uni. An dem habe ich in den Semesterferien teilgenommen. Das war ein Intensivkurs – zwei Wochen mit ca. 6 Stunden pro Tag. In dem Kurs waren aber über 20 Studenten. Also, das lief nicht besonders gut. Am meisten habe ich in den Vorlesungen und im Kontakt mit anderen Studenten gelernt.

D: Ich würde ja auch mal gerne ins Ausland gehen, aber eher nach England oder in die USA. Das ist bestimmt eine gute Erfahrung.

T: Auf jeden Fall. Ich kann es nur jedem empfehlen. Also, wenn du Informationen oder Ratschläge brauchst, kannst du mich jederzeit fragen. Meine Telefonnummer hast du ja. Und ich denke, wir sehen uns jetzt wieder öfter im Fitnessstudio. Jetzt muss ich aber gehen. Hab noch ´ne Verabredung. Tschüss erst mal …

D: Tschüss, bis bald!

 Medien und Technik

Teil 1

Beispiel: ⊙ 2/14

Sie hören eine Durchsage im Zug

Verehrte Fahrgäste, wir bedauern, Ihnen mitteilen zu müssen, <u>dass die Klimaanlage ausgefallen ist.</u> <u>Leider müssen wir deshalb auch das Bordrestaurant schließen (01).</u> <u>Fahrgäste, die kalte Getränke</u> <u>kaufen möchten, werden gebeten, dies sofort zu tun (02).</u> Wir bemühen uns, den Schaden so schnell wie möglich zu beheben und bedauern die Unannehmlichkeit. Sollten wir die defekte Klimaanlage nicht reparieren können, bitten wir Sie, den Zug beim nächsten Halt zu verlassen.

Nummer 1 ⊙ 2/15

Sie hören eine Durchsage auf einer Buchausstellung.

Sehr verehrte Besucherinnen und Besucher, unsere Bücherstände sind während der gesamten Ausstellungszeit täglich von 9.00 bis 18.00 Uhr für Sie geöffnet. Informationen zu den Veranstaltungen finden Sie im Programm, an den Infoständen und natürlich im Internet. <u>Wir möchten Sie auch darauf</u> <u>hinweisen, dass die Vorträge über neue Bücher im Bereich Deutsch als Fremdsprache nicht, wie im</u> <u>Programm angekündigt, um 11.30 Uhr beginnen, sondern bereits um 11.00 Uhr (1, 2).</u> Bitte, denken Sie auch daran, dass das Rauchen auf dem gesamten Ausstellungsgelände verboten ist. Wir danken Ihnen für Ihre Aufmerksamkeit!

Nummer 2 ⊙ 2/16

Sie hören eine Ansage im Radio.

… und hier noch ein Hinweis auf eine Sendung, die nicht nur für Computer-Fans interessant ist. <u>Wussten Sie, dass die ersten Computer der Welt in Berlin gebaut wurden und nicht in Amerika?</u> Das dürfte für viele Menschen überraschend sein. <u>Tatsächlich entstand der erste Computer in</u> <u>den 30er Jahren in Berlin Kreuzberg. Der Erfinder Konrad Zuse gründete auch die weltweit erste</u> <u>Computerfirma (4).</u> Aus Anlass seines 100. Geburtstags bringen wir heute Abend um 22.00 Uhr eine Sondersendung in der Reihe „Menschen und Technik". Und weiter geht's mit Musik …

Nummer 3 ⊙ 2/17

Sie hören eine Nachricht auf dem Anrufbeantworter.

Hallo Petra, hier ist Jana. Du wolltest doch einen Computerkurs machen. Ich habe im Programm der Volkshochschule im Internet einen Kurs gesehen, der immer am Wochenende stattfindet. <u>Es gibt aber</u> <u>auch einen Intensivkurs in den Ferien, jeden Tag von neun bis vier. Sie haben allerdings nur noch</u> <u>wenige Plätze. Ich hab angerufen (6).</u> Du müsstest dich schnell anmelden. Das kannst du von <u>Montag</u> <u>bis Donnerstag von zehn bis zwei und fünf bis acht und Freitag von zehn bis zwölf und fünf bis sieben</u> <u>(5).</u> Tschüss.

Nummer 4 ⊙ 2/18

Sie hören eine Ansage im Radio.

… noch ein Veranstaltungshinweis vom Freizeitheim „Sonne": <u>Am Donnerstagnachmittag findet im</u> <u>Freizeitheim „Sonne" ein Handykurs für Senioren statt. Mehrere Jugendliche wollen den Senioren</u> <u>ehrenamtlich die Funktionen ihrer Handys erklären und ihnen zeigen, dass man mit dem Handy noch</u> <u>mehr machen kann als nur telefonieren (8).</u> Diese Idee hatte ein Schüler, der seiner 72-jährigen Oma erklärt hatte, wie man SMS und Fotos verschickt und erstaunt war, wie schnell sie das verstanden hat. Da es nur eine begrenzte Anzahl an Plätzen gibt, wird um Anmeldung gebeten unter der Telefonnummer 433 6985 …

Nummer 5 ⊙ **2/19**

Sie hören eine Nachricht auf dem Anrufbeantworter.
Guten Abend, Herr Richter. Hier ist Werner Hoppe. Sie haben mich wegen des Laptops angerufen und wollten noch einige Informationen haben. Also, ich verkaufe einen knapp zwei Jahre alten Laptop, der perfekt funktioniert. Es ist ein Toshiba, 60 Gigabyte. Das Betriebssystem ist Windows. Am besten ist, wenn Sie vorbeikommen und das Gerät testen. Ich wollte 200 Euro dafür haben, aber wir können über den Preis noch verhandeln. <u>Rufen Sie mich aber bitte noch heute an, denn es gibt auch andere Interessenten (9, 10).</u> Danke und auf Wiederhören.

Teil 4 ⊙ 2/20

Der Moderator des aktuellen Morgen-Magazins spricht mit der Medienpädagogin Ricarda Reuter und dem Erzieher Klaus Schulte über den Umgang mit Medien in der heutigen Zeit.

M: Moderator
R: Frau Reuter
S: Herr Schulte

M: Guten Morgen, liebe Hörerinnen und Hörer, bei unserem aktuellen Morgen-Magazin. In unserer heutigen Sendung geht es um Medien und um das Lesen. Im Studio begrüße ich Frau Reuter und Herrn Schulte. Frau Reuter ist Medienpädagogin und beschäftigt sich insbesondere mit dem Medienkonsum von Jugendlichen. Herr Schulte ist Erzieher in einem Schulhort. Er arbeitet also in einer Kindertagesbetreuung für Grundschüler.

R: Guten Morgen.

S: Guten Morgen.

M: Nach Meinung vieler Leute sind Fernsehen und Computer daran schuld, <u>dass immer mehr junge Leute wenige oder keine Bücher mehr lesen (Beispiel).</u> Frau Reuter, ist das so?

R: Nein, Fernsehen und Computer führen nicht automatisch dazu, dass Jugendliche heute weniger lesen. <u>Wie sich die Lesegewohnheiten von Jugendlichen entwickeln, hängt auch stark von der Ausbildung der Eltern, vom familiären Hintergrund ab. Jugendliche lesen häufiger, wenn die Eltern regelmäßig Bücher und Zeitungen lesen (23).</u>

M: <u>Aber die Erwachsenen beschäftigen sich doch auch immer mehr mit dem Computer,</u> sei es nun beruflich oder privat. Es gibt doch fast in jedem Haushalt einen Computer oder Laptop. <u>Zeitungen werden online gelesen (24)</u> und die elektronischen Bücher werden immer beliebter.

R: Da haben Sie natürlich recht. Aber es handelt sich hier um einen Wandel der Lesegewohnheiten. Das bedeutet nicht, dass man keine Bücher mehr liest. Man liest sie nur anders. <u>E-Books sind im Kommen. In den USA hat sich der Verkauf in einem Jahr mehr als verdoppelt (25).</u> In Deutschland geht es nicht ganz so schnell …

S: Also ich habe meiner Tochter – sie ist jetzt acht – zum Geburtstag einen E-Book-Reader gekauft. Sie hat schon elf Bücher damit gelesen und ist ganz begeistert.

M: Ich kann mir schon vorstellen, dass die E-Books für die Kinder und Jugendlichen besonders reizvoll sind … wie alle technischen Medien, aber haben die echten Bücher nicht auch einen gewissen Charme? <u>Ich kaufe sehr gerne Bücher in einer Buchhandlung und blättere darin herum … (26)</u> aber vielleicht bin ich ja ein bisschen altmodisch …

S: Also ich persönlich bleibe auch lieber beim normalen Buch. Das finde ich irgendwie unkomplizierter. Ich lese gern unterwegs, zum Beispiel im Bus. Ein gedrucktes Buch kann ich auch im Stehen lesen. Mit einem Laptop ist es schon schwieriger. Meine Frau dagegen ist begeisterte E-Book-Leserin.

R: Studien haben ergeben, dass die Mehrheit der Menschen nicht auf gedruckte Bücher verzichten will. Für Jugendliche sind elektronische Bücher zurzeit die erste Wahl. Gerade für die Kinder und Jugendlichen, die sonst wenig oder gar nicht lesen, sind die E-Books mit Sicherheit eine gute Möglichkeit, sie überhaupt für das Lesen zu begeistern.

S: Ja, das kann ich auch bei meiner Arbeit im Hort beobachten. Vor allem lange Texte wirken ja auf dem E-Reader nicht so lang. Man sieht ja nicht, dass man ein umfangreiches Buch liest. <u>Wenn Sie einem Jugendlichen ein dickes Buch in die Hand drücken, dann wird er schon allein durch das Volumen abgeschreckt und legt es weg (27).</u>

M: Ich möchte noch ein anderes Thema ansprechen. Ein Buch hat ja eine sehr lange Lebensdauer, wenn man gut damit umgeht. Die technische Entwicklung hingegen ist so schnell, dass ich nicht weiß, ob in 60 Jahren überhaupt noch die Hardware existiert, mit der ich die heutigen Daten lesen kann.

S: Darüber habe ich noch gar nicht nachgedacht. Mir fällt aber noch etwas ein, was nicht unbedingt für das E-Book spricht. <u>Ich kann zum Beispiel meiner Tochter noch Kinderbücher aus meiner Kinderzeit zeigen, sogar noch zwei, drei von meinen Eltern. Das sind ganz besondere Erinnerungen (28).</u> Die gibt es nicht, wenn man nur noch E-Books liest.

M: Dann muss man vielleicht einen Kompromiss finden. Ich hoffe ja, dass unsere lieben guten Bücher nicht irgendwann völlig vom Markt verschwinden.

R: Das wird wohl nicht so schnell passieren. Noch sind gedruckte Bücher beliebter als E-Books. Aber sinnvoll könnten E-Book-Reader an Schulen sein. <u>Wenn man sieht, was für eine schwere Last die Schüler jeden Tag auf dem Rücken transportieren … (29)</u> ein einziger E-Book-Reader könnte alle notwendigen Schulbücher aufnehmen. Natürlich müssten die Geräte den Bedürfnissen der Schüler angepasst werden, was zum Beispiel die Größe und Farben betrifft, aber das wäre bestimmt eine sinnvolle Investition.

S: <u>Einige Verlage bieten ja schon digitale Schulbücher an. Ich weiß das, weil es in der Schule meiner Tochter Testklassen gibt, wo diese Bücher erprobt werden (30).</u>

M: Das ist ja auch ein interessantes Thema. Leider haben wir heute keine Zeit mehr, in der Sendung darüber zu sprechen. Vielleicht können wir in einer der nächsten Sendungen einen Vertreter der Verlage einladen und uns über den Stand der Dinge auf dem digitalen Schulbuchmarkt informieren. Ich danke Ihnen für Ihren Besuch im Studio.
Tschüss und bis zum nächsten Mal …

 14 Wohnen und Umwelt

Teil 1

Beispiel: ◯ 2/21

Sie hören eine Ansage im Radio.

… auch an diesem <u>Wochenende könnt ihr wieder dabei (01)</u> sein bei der großen <u>Aktion im Stadtpark!</u> <u>Sauber machen mit *Radio Trix07* (02)!</u> Am Samstag ab 10.00 Uhr, Treffpunkt am großen Brunnen. Keiner ist zu jung und keiner ist zu alt! Alle können wir was für die Umwelt tun und gemeinsam macht es doppelt so viel Spaß! Wir warten auf euch. Getränke und Snacks gibt's gratis!

Nummer 1 ◯ 2/22

Sie hören eine Ansage auf dem Anrufbeantworter.

Hier ist das Maklerbüro Meier & Söhne. Bitte haben sie Verständnis dafür, dass wir Ihnen telefonisch keine detaillierten Auskünfte über die von uns im Internet angebotenen Wohnungen geben können. <u>Sollten Sie an einem der Mietobjekte Interesse haben, bitten wir Sie, persönlich bei uns vorbeizukommen (2).</u> <u>Zurzeit ist das Büro nicht besetzt (1).</u> Sie können uns aber täglich von 10.00 bis 17.00 anrufen und einen Termin vereinbaren.

Nummer 2 ◯ 2/23

Sie hören eine Ansage im Radio.

… und hier noch ein Hinweis der Feuerwehr: Wegen der anhaltenden Hitzewelle und der damit verbundenen Trockenheit wird vor erhöhter Waldbrandgefahr gewarnt. Der Feuerwehrsprecher betont, dass bereits eine weggeworfene Zigarettenkippe schlimme Folgen haben kann. Deshalb sind Rauchen und offenes Feuer im Wald ab sofort verboten. <u>Wer trotzdem raucht, muss mit Strafen bis über 7.000 Euro rechnen (4).</u> Aber auch Glasflaschen, Glassplitter und Gläser können ein Feuer verursachen. Also Leute, … aufpassen und keine Zigaretten im Wald! Und weiter geht's mit Musik …

Nummer 3 ◯ 2/24

Sie hören eine Ansage auf dem Anrufbeantworter.

Sie sind mit der Verbraucherzentrale Berlin verbunden. Unsere Öffnungszeiten sind Montag von 9.00 bis 12.30 Uhr, Dienstag und Freitag von 9.00 bis 16.30 Uhr und Mittwoch und Donnerstag von 9.00 bis 20.00 Uhr. Telefonische Anmeldung während der Öffnungszeiten unter der Rufnummer 214850. <u>Für telefonische Beratung wählen Sie bitte: für Rechtsberatung 0190-887710, für Mieterberatung 0190-887711 und für Versicherungsberatung 0190-887713. Die telefonische Beratung ist gebührenpflichtig (6).</u> Die Gebühr beträgt 1,80 Euro pro Minute. Weitere Beratungsbereiche …

Nummer 4 ◯ 2/25

Sie hören eine Durchsage am Hauptbahnhof.

<u>Sehr geehrte Fahrgäste, wir bitten um Ihre Aufmerksamkeit (1).</u> Wegen eines Unwetters kommt es auf allen Strecken zu Zugausfällen und Verspätungen. <u>Zurzeit darf aus Sicherheitsgründen kein Zug den Bahnhof verlassen (8).</u> Achten Sie bitte auf die Ansagen und die Anzeigetafeln. Während der Wartezeit können Sie in der Lounge der Deutschen Bahn kostenlos Kaffee und kalte Getränke erhalten. Leider können wir Ihnen noch keine Auskunft über die neuen Abfahrtszeiten geben. Wir danken Ihnen für Ihr Verständnis.

Nummer 5 ◯ 2/26

Sie hören eine Nachricht auf dem Anrufbeantworter.

Hallo Benny, hier ist Lisa. Ich wollte dich nur an morgen erinnern. Wir wollten doch an der Fahrraddemonstration gegen den Autoverkehr im Zentrum teilnehmen. Ich kann leider nicht bei dir vorbeikommen und dich abholen, weil ich vorher noch was erledigen muss. <u>Ich warte dann um zehn vor der Post auf dich. Du kommst doch, oder (10)?</u> Wenn nicht, ruf mich bitte heute Abend an. Übrigens, Sabine und Andreas kommen auch mit. Tschüss, bis dann!

Teil 3 ◯ 2/27

Sie sind im Supermarkt und hören, wie sich zwei junge Leute unterhalten.

A: Andreas
S: Stefan

A: Hallo Stefan, wie geht´s? Stella hat mir erzählt, dass ihr jetzt umgezogen seid.

S: Ja, endlich … vor einem Monat!

A: Ihr wolltet doch schon im Sommer umziehen, oder?

S: Ja, wollten wir, aber dann hat alles doch viel länger gedauert. Auch jetzt ist noch nicht alles fertig. Es gibt noch ´ne Menge zu tun. Die Wände im Treppenhaus sind noch nicht gestrichen und der Garten ist noch eine Wüste …

A: Das ist doch so ein Wohnprojekt, wenn ich mich recht erinnere … Mehrgenerationenhaus, richtig?

S: Genau! Also, das sind drei große Wohnkomplexe, zu denen verschiedene Häuser gehören, und wir sind – ich glaube – 51 Leute … Familien mit Kindern, Ehepaare, Singles, Omas, Opas, Rollstuhlfahrer, Rentner … <u>Die Idee ist, dass wir alle irgendwie etwas miteinander zu tun haben und uns gegenseitig helfen wollen … (18)</u>

A: Und wie soll das gehen?

S: Also nimm mal uns zum Beispiel: Unsere Kinder haben zwar eine Oma und einen Opa, aber die wohnen in einer anderen Stadt. <u>Unsere Nachbarin ist 72 Jahre alt. Sie ist eine Oma, aber sie hat keine Enkel. Unsere Kinder haben sie als ihre Oma adoptiert (19).</u> Sie kümmert sich um sie, wenn wir keine Zeit haben. Sie kocht sogar manchmal für uns. Und wir kaufen für sie ein … und sind einfach da, wenn sie uns braucht.

A: Und das funktioniert bei so vielen Leuten?

S: Das weiß ich nicht. Es ist ja ein Projekt. Wir probieren was aus. Es ist ja nun auch nicht so, dass wir alle immer zusammensitzen. Jeder hat seine eigene Wohnung und kann da machen, was er will. Aber trotzdem ist keiner allein und jeder hat immer einen Ansprechpartner … wenn er das will. Es geht um die Möglichkeit, zusammenzukommen …

A: Hört sich ja eigentlich ganz gut an … Und wahrscheinlich sind die Leute, die sich an so einem Projekt beteiligen, auch irgendwie toleranter, oder?

S: Ich weiß nicht genau, was du meinst, aber ja … hier regen sich die Leute nicht über jede Kleinigkeit oder Kinderlärm auf. Zum Beispiel der 81-jährige Rentner, der Herr Rieger, der ist geradezu glücklich über das Kindergeschrei vor seiner Tür. Er meint, das tut ihm gut. Im Altersheim würde er sich viel älter fühlen.

A: Na ja, ihr wohnt ja erst einen Monat da … wie ist denn eure Wohnung so?

S: Wir haben eine Haushälfte für uns. Insgesamt sind das fünf Zimmer, eine große Küche, ein kleines und ein großes Bad und dann noch ein Keller.

A: Da habt ihr ja ganz schön viel Platz …

S: Ja, das genießen wir. <u>Unsere alte Wohnung war ja sehr viel kleiner. Jetzt haben die beiden Kinder auch ihre eigenen Zimmer (22).</u> Das finden sie ganz toll.

A: Du, jetzt muss ich aber endlich meinen Einkauf erledigen. Meld´ dich mal …

S: Mach ich auf jeden Fall! Und wenn bei uns alles fertig ist, dann komm du uns mal besuchen. Also, bis dann … Tschüss!

A: Tschau dann.

15 Leben und Arbeiten im Ausland

Teil 3 ⊙ 2/28

Sie sind in einem Café und hören, wie sich zwei junge Leute unterhalten.

M: Magda
S: Sven

M: Toll, dass du wieder hier bist, Sven. Ich hab´ dich vermisst!

S: Also Magda, es waren doch nur drei Wochen!

M: Na ja, aber Indien ist ja nicht um die Ecke (16) und wir haben nur einmal telefoniert. Aber erzähl doch mal …

S: Also, das Workcamp war in einem ganz kleinen Ort mit einem ganz langen Namen. Den kann man kaum aussprechen. Das war in der Nähe von Kannur in Südindien …

M: Na super! Jetzt weiß ich alles. Gut, schau ich später mal auf die Karte … und wie heißt der Ort?

S: Wenn du es unbedingt wissen willst … P a r a s s i n i k a d a v u …

M: Uff … was für ein Name! Aber jetzt erzähl mal …

S: Also, ich kam einen Tag vor Beginn des Workcamps am Flughafen an – wo, sage ich dir jetzt nicht, weil du sowieso keine Ahnung hast, wo das ist – dann ging es mit dem Taxi zum Bahnhof und dann mit dem Zug nach Kannur und von da mit der Rikscha zum Treffpunkt mit der Gruppe und den Gruppenleitern.

M: Wie viele Leute wart ihr da?

S: Das waren außer mir noch 15 Leute aus sieben Ländern … und du wirst es nicht glauben, der älteste war 66.

M: Sechsundsechzig? Unglaublich! Und wo habt ihr gewohnt?

S: In einem zweistöckigen Haus mit 4- beziehungsweise 6-Bett-Zimmern, mit Etagenbetten (18). Es gab auch zwei Badezimmer, eine Küche und einen Gemeinschaftsraum. Also eine super Unterkunft. Nur nachts war es in den Räumen sehr warm … ´ne Klimaanlage hatten wir natürlich nicht. Na ja, und am Tag waren wir ja nicht im Haus.

M: Was habt ihr denn den ganzen Tag über gemacht?

S: Also in dem Workcamp ging es nicht nur um Arbeit, sondern wir sollten vor allem kulturelle Erfahrungen sammeln. Deshalb hatten wir auch Unterricht in Ayurveda und Yoga und Ausflüge zu Tempeln (19).

M: Aber es war doch ein Workcamp. Da werdet ihr doch wohl auch gearbeitet haben, oder?

S: Natürlich! Den ganzen Vormittag haben wir immer in einer Schule für Kinder mit geistiger oder körperlicher Behinderung verbracht. Wir haben mit ihnen gespielt, gebastelt und gemalt. Und wir haben mit ihnen getanzt (20). Das hat den Kindern besonders viel Spaß gemacht. Außerdem haben wir alle zusammen die beiden Klassenräume gestrichen.

M: Was habt ihr denn so gegessen? Bestimmt keine Pommes …

S: Na ja … zum Frühstück sind wir in die Kantine von der Yoga-Schule gegangen. Da gab's Brotfladen, also so flache Brote, mit einer scharfen Soße … Das war nicht so mein Geschmack. Zum Glück gab es in der Nähe einen kleinen Kiosk. Da habe ich mir manchmal Kekse gekauft.

M: Und zum Mittag?

S: Meistens gab es Reis oder Brot mit Gemüse und verschiedenen Soßen. War nicht sehr abwechslungsreich, aber okay. Und abends haben wir in unserem Haus im Gemeinschaftsraum gegessen. Da hat man uns das Essen gebracht. Das war so ähnlich wie das Mittagessen.

M: Was habt ihr denn nach dem Abendessen gemacht?

S: Es gab jeden Tag am Abend ein Meeting. Da haben wir über den vergangenen Tag und das Programm für den folgenden Tag gesprochen.

M: In welcher Sprache habt ihr euch denn verständigt?

S: Auf Englisch. Nicht alle haben perfekt Englisch gesprochen, aber die Verständigung hat trotzdem immer gut geklappt.

M: Na ja, hört sich ja alles sehr interessant an, aber für mich wäre das nichts …

S: Also ich würde das gern noch einmal machen. Vielleicht überlegst du es dir noch einmal und kommst nächstes Mal mit …

M: Mal sehen. Das das nächste Mal vielleicht …

Teil 4 ⊙ 2/29

Die Moderatorin der Sendereihe „Auf und davon" diskutiert mit Frau Lisa Seiler und Herrn Stefan Lose zum Thema „Leben und arbeiten im Ausland".

M: Moderator
S: Frau Lisa Seiler
L: Herr Stefan Lose

M: Guten Morgen, liebe Hörerinnen und Hörer, in unserer Sendereihe „auf und davon" wollen wir uns heute mit dem Thema „Leben und Arbeiten im Ausland" beschäftigen. Unsere Gäste im Studio sind Frau Lisa Seiler und Herr Stefan Lose. Frau Seiler ist in einer großen Firma verantwortlich für die globale Personalentwicklung, Herr Lose war drei Jahre für seine Firma in Peking. Ich begrüße Sie ganz herzlich bei unserer Sendung.

S: Guten Morgen.

L: Guten Morgen.

M: Große Firmen, die international arbeiten, schicken jedes Jahr tausende Mitarbeiter im Alter zwischen 30 und 45 mitsamt ihren Familien für einen längeren Aufenthalt ins Ausland. <u>Viele Unternehmen erwarten sogar von zukünftigen Führungskräften, dass sie eine Zeitlang außerhalb Deutschlands arbeiten (Beispiel).</u> Das ist doch eine enorme Belastung für die ganze Familie, vor allem auch für den Ehepartner, der ja dann seinen Arbeitsplatz in der Heimat aufgeben muss.

S: Natürlich, das ist ein großer Schritt, besonders, wenn der neue Arbeitsplatz sehr weit von der Heimat entfernt ist. <u>Deshalb muss der Arbeitgeber, wenn er Mitarbeiter ins Ausland sendet, auch an die Familien denken (23).</u> Bisher haben wir aber nur positive Erfahrungen gemacht und nur wenige Familien sind vorzeitig zurückgekommen. Die Mehrheit unserer Mitarbeiter und ihrer Familienangehörigen hat sich nur positiv über den Auslandsaufenthalt geäußert.

M: Herr Lose, Sie waren ja mit Ihrer Frau und ihren beiden Kindern drei Jahre in China …

L: Ja, in Peking, und es war eine interessante Erfahrung für alle. <u>Wir hatten das Glück, dass mein Arbeitgeber vor Ort Programme angeboten hat, über die sich meine Frau weiterbilden konnte. So hatte auch sie die Möglichkeit, viele neue Erfahrungen zu machen und sich weiter zu qualifizieren. Es wäre für ihre Karriere nicht gut gewesen, wenn sie drei Jahre lang nur zu Hause geblieben wäre</u>

(24). Na ja, die Kinder haben sich nach einer Eingewöhnungsphase schnell eingelebt. Für sie war es ein spannendes Abenteuer.

M: Aber ist es nicht trotzdem – besonders am Anfang – schwierig? Das Leben in einem fremden Land, eine neue Tätigkeit, neue Kollegen, ein ganz anderes soziales Umfeld, eine ganz andere Kultur … und die ganzen Formalitäten, die bei einem solchen Umzug auf einen zukommen …

L: Natürlich ist das alles nicht ganz einfach, aber man tritt ja auch nicht ganz unwissend seinen neuen Arbeitsplatz fernab der Heimat an. Die Firmen halten vor dem Umzug Seminare ab, die auf die Aufgaben und besonders auch auf kulturelle Besonderheiten vorbereiten … (25) außerdem gibt es vor Ort dann auch Leute, die den Mitarbeitern im Auftrag der Firma helfen, z.B. die passende Wohnung oder die richtige Schule für die Kinder zu finden.

M: Herr Lose, haben Sie vor Ihrem China-Aufenthalt Chinesisch gelernt?

L: Nein, das war nicht notwendig.

M: Frau Seiler, wie ist es mit den Sprachkenntnissen? Muss der Mitarbeiter, den Sie ins Ausland senden, die Sprache des Landes, in das er geschickt wird, beherrschen?

S: Das wäre ideal, aber niemand kann von einem Mitarbeiter verlangen, dass er die Sprachen aller Länder, in die er geschickt wird, spricht. Englisch ist natürlich Voraussetzung, ansonsten stehen auch Dolmetscher zur Verfügung (26). Ganz wichtig ist, das kulturelle Wertesystem des anderen zu verstehen und auf gewisse Verhaltensweisen angemessen zu reagieren. Das ist eine tagtägliche Herausforderung.

M: Was macht man denn, wenn man in eine Situation gerät, wo man völlig verunsichert ist, weil man das von zu Hause nicht kennt und im Seminar auch nicht gelernt hat …? Ich habe von einer Situation gehört, wo zum Beispiel Leute in einem Meeting einschlafen – ich glaube, das war in China – soll man da einfach weitermachen oder die Präsentation abbrechen (27)? Also, da richtig zu reagieren … das stelle ich mir ganz schwierig vor.

S: Für Mitarbeiter, die unsicher sind, wie sie sich in bestimmten Situationen verhalten sollen, gibt es so etwas wie eine interkulturelle Hotline. Da können die jederzeit anrufen, auch wenn sie zum Beispiel vor oder auch während eines wichtigen Meetings Fragen zu einem wichtigen interkulturellen Problem haben … (28)

M: Herr Lose, Sie haben ja überwiegend positive Erfahrungen in China gemacht. Wie war es, als sie wieder nach Deutschland zurückgekommen sind? Gab es Probleme …?

L: Nein, eigentlich nicht. Es war ja alles gut geplant. Für mich persönlich hatte der Auslandsaufenthalt positive Auswirkungen auf meine Karriere. Ich habe jetzt einen besseren Job als vorher und meine Frau hat aufgrund ihrer zusätzlichen Qualifikationen auch eine gute Stelle gefunden (29). Ja, und die Kinder hatten gar keine Schwierigkeiten. Das Niveau an der deutschen Schule, die sie in Peking besucht haben, war sehr hoch. Sie konnten problemlos an ihrer alten Schule weitermachen.

M: Das hört sich ja alles sehr positiv an. Nach Expertenmeinung sind übrigens 90 Prozent der entsandten Mitarbeiter generell für einen Auslandsaufenthalt geeignet (30) und nur 10 Prozent völlig ungeeignet. Das ist schon ein interessantes Ergebnis.
Leider müssen wir aber jetzt unsere Diskussion abbrechen. Frau Seiler, Herr Lose, ich danke Ihnen, dass sie bei uns im Studio waren. Weiterhin viel Erfolg! Und unseren Zuhörerinnen und Zuhörern sage ich tschüss und bis zum nächsten Mal …